DÉFENSE LAÏQUE

DU MÊME AUTEUR

Jean Macé et la fondation de la Ligue de l'enseignement . . . . 1 vol.
Brest sous la Restauration . . . . 1 vol.
La République et l'enseignement secondaire. . . . . 1 vol.

IL A ÉTÉ TIRÉ DE CET OUVRAGE

5 exemplaires numérotés sur papier de Hollande

A. DESSOYE

PRÉSIDENT
DE LA LIGUE FRANÇAISE DE L'ENSEIGNEMENT

DÉFENSE LAÏQUE

PARIS

BIBLIOTHÈQUE-CHARPENTIER

EUGÈNE FASQUELLE, ÉDITEUR

11, RUE DE GRENELLE, 11

1913

AVANT-PROPOS

On réunit ici un certain nombre de morceaux détachés, rapports présentés à des congrès de la Ligue de l'enseignement, rapports parlementaires, discours, articles de propagande, qui, dans leur variété, sont tous inspirés de la même pensée : défendre contre les attaques dont elle est l'objet l'école publique, l'école laïque, montrer la nécessité de son existence, dire son caractère, ce qu'il y a d'élevé et de généreux dans sa conception et comment elle est bien l'école qu'appelle le développement de notre démocratie.

Le premier de ces morceaux est consacré à la question de la neutralité à l'école primaire. On a beaucoup écrit, parlé peut-être plus encore, sur la neutralité ; les uns l'ont dite impossible à observer ; les autres ont fait grief à

1

l'école laïque de ce que, suivant eux, elle n'était pas observée, et, chose curieuse, les plus autorisés d'entre ceux qui soutenaient cette thèse représentaient un parti qui, dès le temps où se discutaient les lois scolaires, avant même que fût votée la loi du 28 mars 1882, avait présenté la neutralité scolaire comme le crime irrémissible qui ne leur permettrait jamais d'admettre l'école laïque. Il semble bien que les premiers ont, avec le temps et l'expérience, renoncé à l'intransigeance de leur thèse ; rares aujourd'hui sont les partisans de l'école publique qui ne reconnaissent pas, avec Jules Ferry, la nécessité de la neutralité scolaire ; les seconds n'ont pas désarmé ; leur hostilité est aussi vive, aussi résolue qu'en 1882. La bataille durera longtemps encore.

Mais comment faut-il comprendre, appliquer la neutralité ? Les adversaires de l'école publique entendent par là une abdication complète de toute liberté d'exposition, le renoncement à tout esprit critique, devant tout ce qui, de près ou de loin, peut toucher aux choses de la religion et surtout de l'Église. Les évêques n'ont-ils pas réclamé le contrôle des livres scolaires, afin de pouvoir s'assurer que la neutralité était observée ? Autant réclamer le monopole de la direction de l'enseignement. Ce serait la fin de l'école laïque. Leur thèse est la négation même de la neutralité.

Neutralité ne veut pas dire ignorance voulue des choses, refus de regarder, de voir, de comprendre, de tenter d'expliquer et de faire comprendre, encore moins parti pris de ne point juger. A quoi servirait, si l'on devait interpréter ainsi cette règle de conduite, d'enseigner l'histoire ? Il n'y aurait pas de plus fastidieux, de plus vain enseignement. Mais il y là manière d'enseigner ; l'une peut être violente, passionnée ; elle a inspiré trop de manuels d'histoire écrits à l'usage des écoles libres au temps de Jules Ferry comme aujourd'hui ; elle n'est évidemment pas à sa place à l'école publique, non plus qu'à l'école privée. Le maître a devant lui des enfants dont il doit avoir l'ambition d'éveiller les délicatesses de la conscience, de guider la raison ; en leur exposant les faits, il a incontestablement le droit de juger, mais il doit le faire avec une mesure, une correction de termes et d'expressions par où se traduira chez lui le souci de ne blesser aucune sincérité, de ne heurter aucune croyance respectable et d'inspirer à ses jeunes auditeurs, par le récit et l'enchaînement même des événements, l'amour du beau, le sentiment du juste, le culte de la vérité. Tâche délicate, sans doute, mais tâche qu'accomplissent chaque jour, dans nos écoles, des milliers de maîtres et de maîtresses qui témoignent ainsi du souci scrupuleux qui les anime. Ils savent bien que c'est aussi le meilleur moyen de rendre leur enseignement durable et profond.

Neutre, c'est-à-dire libérale, tolérante, l'école laïque, l'école nationale, doit être patriote. L'école publique ne se comprendrait pas si elle n'enseignait pas avant tout l'amour de la patrie. C'est l'enseignement qui doit primer, dominer, inspirer tous les autres. En enseignant aux enfants les notions élémentaires dont l'application doit permettre à chacun d'eux de vivre convenablement sa vie, le maître ne saurait avoir uniquement en vue l'intérêt personnel et étroitement égoïste de cet enfant ; ce petit garçon, cette petite fille contribueront plus tard à composer la force agissante d'une nation ; ils auront des intérêts individuels, ils connaîtront aussi des intérêts collectifs, intérêt de la famille, de la cité, de la patrie. Leur éducation serait singulièrement incomplète si la notion de ces intérêts ne les pénétrait dès leur passage sur les bancs de l'école. Avant d'être électeurs, les garçons seront appelés au régiment ; tout à leur entrée dans la vie civique, ils seront mis en présence du grand devoir dont l'accomplissement peut exiger le sacrifice de leur vie. L'uniforme sera, pour eux, comme la robe virile que prenaient les jeunes Romains lorsqu'ils devenaient hommes. Il faut que, d'avance, ils sentent qu'une dignité nouvelle sera en eux et comprennent la supérieure beauté morale de cet emblême, le drapeau. Les petites filles verront plus tard partir pour l'armée leurs frères, leurs fiancés, leurs maris, leurs fils ; la force morale du pays serait singulièrement affaiblie si elles n'avaient pas alors l'âme assez ferme, le caractère assez bien trempé pour ressentir quelque fierté de la résolution avec laquelle tous répondront à l'appel du pays. Dans l'esprit et le cœur des enfants qui lui sont confiés, l'instituteur doit déposer le germe des vertus civiques qui, plus tard, se manifesteront et dont sera faite la force morale de la nation.

Pour cela, nul besoin d'une grande finesse d'analyse. La métaphysique, non plus que la religion, n'est pas à sa place à l'école publique. La morale laïque a trouvé, naturellement, des détracteurs. Jules Ferry, avec raison, a donné le meilleur des préceptes à suivre lorsqu'il recommandait aux instituteurs d'enseigner la bonne vieille morale de nos pères. Le maître n'a que faire de s'embarquer dans les théories des philosophes ; en comprît-il fort bien le sens et la portée, les enfants ne le suivraient pas.

L'enseignement de l'école primaire n'est pas l'enseignement du collège ou du lycée ; les développements, les essais d'analyse qui conviennent ici seraient là hors de saison. Si, dans l'exposé des devoirs, il est bon de rappeler les devoirs envers l'humanité, l'erreur serait singulière qui consisterait à établir une hiérarchie entre le devoir envers la patrie et le devoir envers l'humanité, comme si le premier n'était qu'une étape dans la voie qui conduit au second. Certains l'ont essayé, dont l'effort aboutit seulement à affaiblir l'enseignement qu'ils donnaient du patriotisme.

Cet enseignement doit être clair, simple, sans restrictions ni équivoques. Le maître, à l'école primaire, n'a pas à dire : soyez patriotes, mais soyez pacifistes. Qu'est-ce que le pacifisme ? L'enfant comprendra-t-il toutes les nuances d'interprétation que ce mot comporte ? N'est-il pas à craindre que, confondant les subtiles distinctions dans lesquelles un intellectualisme exercé peut se complaire, il ne traduise pacifisme par paix à tout prix et plus tard sente mal l'inéluctable nécessité qui commande aux peuples, aujourd'hui comme aux temps antiques, de se préparer à la guerre s'ils veulent maintenir la paix ? On dit à l'enfant : aime ton père, aime ta mère, sois envers eux obéissant, respectueux et dévoué ; ne doit-on pas lui dire de même : aime ta patrie, c'est le devoir primordial dans une société civilisée comme celle où tu vis, et envers elle sois prêt à tous les dévouements ? Illustrez ce précepte par quelques récits historiques, montrez la postérité honorant la mémoire de ceux qui ont bien servi la patrie, dans la paix et dans la guerre, et cela suffit. L'enfant sentira, comprendra, et pour longtemps.

L'école primaire publique, c'est l'école de la nation. Tous les enfants qui la fréquentent doivent y recevoir le même enseignement, fils de riches et fils de pauvres. A tous, les mêmes éléments sont nécessaires ; pour les uns, ce sera un commencement, en attendant d'autres études ; les autres devront entrer dans la vie laborieuse avec ce seul bagage que pourra grossir ensuite le fruit de leur expérience. Une première et grande leçon d'égalité leur est à tous ainsi donnée.

Tout cela, la Ligue de l'enseignement a voulu le dire il y a douze ans, résumant, précisant le sens de ses efforts, de sa propagande.

C'est dans le même esprit que, en 1908, lorsque la campagne cléricale fut reprise contre l'école publique avec une vigueur nouvelle, elle crut devoir pousser un cri d'alarme et faire appel à la vigilance des républicains.

Le gouvernement ne put et ne voulut demeurer indifférent à cette œuvre de défense nécessaire. Des projets de loi furent déposés sur le bureau de la Chambre des députés, qui proposaient des dispositions législatives nouvelles. Ces projets ne purent être votés avant la fin de la législature de 1906-1910. La question fut reprise par le gouvernement devant la Chambre élue en 1910. On lira plus loin les rapports présentés au nom de la commission de l'enseignement sur les deux projets déposés par M. Doumergue en 1908 et relatifs, le premier à la question des livres à l'école publique, le second à la responsabilité des membres de l'enseignement public pour fautes commises dans l'exercice de leurs fonctions, ainsi que le développement d'un avis donné, en mars 1911, par la commission de l'enseignement sur la question des commissions scolaires à l'occasion des entraves apportées au fonctionnement de l'école publique. Le texte de loi à l'adoption duquel concluait la commission comportait une modification profonde des commissions scolaires. L'inaction de ces commissions, dans la grande majorité des communes, est un fait certain ; trop de raisons expliquent cette inaction. Ne vaudrait-il pas mieux supprimer les commissions scolaires et les remplacer purement et simplement par les juges de paix ? La thèse a été soutenue depuis longtemps. La commission de l'enseignement de la Chambre, saisie d'un projet sur la fréquentation scolaire, s'est prononcée en juillet dernier pour la suppression. A quelque point de vue qu'on se place, fréquentation scolaire, défense de l'école, il est permis de dire que c'est la plus logique, la plus simple, la plus pratique, partant la meilleure solution.

Pendant que ces questions se discutaient devant une commission de la Chambre et devant la Chambre elle-même, la Ligue de l'enseignement menait dans le pays la propagande la plus active pour grouper tous les républicains autour de l'école violemment attaquée. Il a paru bon de reproduire quelques discours prononcés aux congrès de la Ligue pour rappeler la continuité de ses efforts et aussi la doctrine dont elle n'a cessé de s'inspirer. On s'est plu parfois à dire que la Ligue de l'enseignement était infidèle à la pensée de Jean Macé, son fondateur ; c'était mal la connaître. Laïque, républicaine, patriote, la Ligue était cela dès les premiers jours de sa reconstitution après 1870 ; telle encore elle est aujourd'hui. Quand, au mois d'août dernier, après avoir assisté à son congrès annuel, à Gérardmer, à quelques kilomètres de la frontière, une cinquantaine de ses

membres les plus dévoués se rendaient en pieux
pèlerinage à Beblenheim, le village d'Alsace où
vécut, vingt années durant, Jean Macé, où il
conçut son œuvre, la Ligue pouvait se rendre
ce témoignage qu'elle n'avait pas failli à sa
mission, à la tâche que lui avait assignée son
fondateur. Jean Macé fut un grand et libre esprit. Il savait trop les difficultés à travers lesquelles se poursuit le développement d'une démocratie pour prétendre enfermer l'action d'un
groupement d'hommes qu'anime une même et
haute pensée dans des limites étroitement déterminées à l'avance ; il comptait, pour faire vivre
son œuvre, pour la faire prospérer, sur le profond attachement de ceux qui la personnifie-
raient après lui à la liberté de l'esprit, à la patrie,
à la République, sur leur sens des droits et des
devoirs nécessaires de l'homme et du citoyen.
Combien, jeunes, ardents, qui se dépensent
sans compter dans les sociétés autonomes dont
se compose la fédération de la Ligue, ne l'ont
jamais connu et sont profondément pénétrés
de son esprit ! Jean Macé applaudissait à l'action de Jules Ferry, en 1879. Au lendemain du
vote des lois scolaires, il affirmait que c'était le
devoir de la Ligue de défendre l'école laïque.
« La sainte Ligue de 1882 ne parle de rien moins
« que de mettre les écoles de la République en

« état de siège, d'en barrer le chemin aux en-
« fants du peuple et de faire peser sur le per-
« sonnel enseignant une surveillance de haute
« police ayant la prétention de le terrifier.
« Notre Ligue de l'enseignement est là pour
« faire tête à cette Ligue du contre-enseigne-
« ment qui vient se planter devant la porte de
« nos écoles afin d'empêcher d'y entrer. » Jean
Macé disait cela le 17 avril 1882; il eut pu le
redire il y a quatre ans, il y a deux ans; il
pourrait le redire aujourd'hui.

Les analogies sont nombreuses, en effet, entre
les batailles que se livrèrent les partis dans
les années qui environnèrent le vote des lois
scolaires et celles dont les manifestations cléricales furent, en ces dernières années, l'occasion.
Mêmes prétentions du parti clérical à la direction exclusive de l'enseignement, même tactique,
même effort de pression sur les consciences,
mêmes condamnations épiscopales. Par un certain nombre d'articles parus dans divers journaux quotidiens et dont la réunion forme une
partie de ce livre, on pourra juger de la persis-
tance d'un état d'esprit contre lequel ont sans
cesse lutté le parti libéral d'abord, puis le
parti républicain. La seconde moitié du règne
de Louis-Philippe a vu l'Église menant contre
l'Université une campagne d'une rare violence.

Les petits tracts qu'on répandit à foison dans certaines régions, en 1909 et 1910, peuvent rappeler le ton auquel les polémistes du parti haussaient alors leur langage.

On comprendra que, en de pareilles circonstances, la Ligue de l'enseignement ait eu la pensée de glorifier l'école laïque, en élevant, à Paris, un monument à la mémoire de son fondateur, Jules Ferry. Hommage à une grande mémoire, qui était en même temps un engagement de défendre son œuvre, de la développer, de la poursuivre. Cette pensée a inspiré tous les morceaux dont est formé ce livre.

Octobre 1912.

DÉFENSE LAÏQUE

LA QUESTION DE LA NEUTRALITÉ DANS L'ENSEIGNEMENT PRIMAIRE [1]

Il est impossible de parler de l'école, des maîtres qui la dirigent, de la plupart des questions qui les touchent, si l'on ne se demande d'abord à qui doit servir l'école.

A instruire les enfants ? Assurément. Mais ce n'est pas tout. L'insuffisance de la tâche apparaîtrait rapidement si, à l'école, on se bornait à donner aux enfants l'instruction sans plus, soit à leur apprendre la lecture, l'écriture, le calcul, un peu d'histoire naturelle, un peu de géographie, et si, dans l'histoire, on ne leur présentait qu'une succession de faits. L'instruction appelle un complément nécessaire : l'éducation.

Éducation publique et éducation privée. Celle-ci

[1] Rapport présenté au nom du conseil général de la Ligue de l'enseignement au 25e congrès national de la Ligue, à Biarritz (29 octobre — 1er novembre 1905).

fait l'honnête homme, bon fils, bon époux, bon père, bon voisin, respectueux du tien et du mien, observateur de la parole donnée. Jamais on ne crut qu'il était possible de s'en tenir là. L'homme vit en société. D'où la nécessité de préparer l'enfant au rôle social qu'il doit jouer plus tard. Dans une monarchie, l'école tendra donc à développer les sentiments qui doivent animer de loyaux sujets ; les écoles ecclésiastiques se sont toujours préoccupées avant tout et essentiellement de faire de bons et fidèles adeptes de la religion ; dans une république démocratique et laïque, l'école doit avoir pour but de former tout à la fois des hommes et des citoyens.

L'instituteur doit s'efforcer d'instituer des citoyens.

Tout l'effort accompli en France depuis vingt-cinq ans serait vain, s'il en devait être autrement. Nous ne sommes pas prêts heureusement à renier la pensée rénovatrice, libérale dans le meilleur sens du mot et généreuse, qui a inspiré le vote des lois scolaires de la République ; c'est en nous reportant à cette pensée, en nous rappelant les sentiments de ceux qui ont fondé l'école laïque, que nous pourrons le plus sûrement marquer, à l'heure présente, le caractère de l'école, déterminer sa tâche et, par suite et comme conséquence, préciser les droits et les devoirs des maîtres.

Quelle a été la pensée des fondateurs de l'école laïque ? Une pensée de justice, d'égalité, de respect des droits de la conscience, et en même temps une pensée de rénovation nationale.

L'obligation de l'instruction primaire, c'est la consécration du droit de l'enfant à être instruit; en décrétant la gratuité, le législateur a entendu faire disparaître les inégalités anciennes qui suivaient l'enfant jusque sur les bancs de l'école; et ouvrant les portes de l'école à tous les enfants de la République, les conviant tous à venir s'asseoir fraternellement sur ses bancs, le législateur s'engageait par là même à écarter de l'école l'enseignement qui a toujours, et le plus profondément, divisé les hommes, qui, aux époques de foi ardente, a suscité les luttes les plus vives, les plus sanglantes, les plus acharnées, l'enseignement religieux.

Obligatoire, l'école devait être gratuite, elle devait être laïque ou, pour employer le terme usuel, neutre.

Mais à quelles matières d'enseignement s'applique la neutralité de l'école? Quelles en sont les limites?

C'est ce qu'il importe de dire clairement.

I

Ouvrons le dictionnaire. « NEUTRE, dit Littré, *fig.* Qui ne prend point parti entre des contendants, soit États, soit particuliers. » Ne point prendre parti, c'est-à-dire rester étranger, indifférent.

L'école sera d'abord neutre entre les divers cultes. Catholiques, protestants, israélites, libres-penseurs, elle sera indifférente aux sentiments religieux des uns, à l'absence de ces sentiments chez les autres. Elle ne blâmera ni ne louera ni ceux-ci ni ceux-là. Les religions appartiennent au domaine intérieur de la conscience. C'est affaire à chaque individu de croire à l'une ou à l'autre ou de les rejeter toutes ensemble. N'enseignant que les vérités positives démontrées par l'expérience et la raison, l'école ne saurait, sans risquer de blesser des convictions opposées et également respectables, s'engager sur un terrain où la foi, c'est-à dire le sentiment, domine, et où fatalement il conduit les hommes dans des directions contraires. Elle ignore donc tout simplement la religion. Réunissant tous les enfants indistinctement, sans souci des opinions religieuses des parents, elle donne à tous le même enseignement, fait des résultats acquis de la science et de l'expérience. Les préceptes religieux et les dogmes n'ont rien de commun avec la lecture, l'écriture, l'arithmétique, la géographie, les sciences naturelles, et si l'enseignement de l'histoire montre trop souvent aux prises les uns avec les autres les adeptes de religions rivales, le maître n'a pas besoin, pour retracer ces luttes et montrer leur caractère, de prendre parti pour les doctrines professées dans l'un ou l'autre des camps opposés : son impartialité même devient une leçon de tolérance, dont l'étroitesse d'esprit du fanatique expliquerait seule qu'on prît ombrage.

L'école ne doit pas être moins étrangère aux questions métaphysiques. Entre tant de solutions, imaginées par les philosophes, du problème de l'origine et de la destinée des mondes, on voit mal, d'abord, les enfants de l'école primaire invités à faire un choix. Ce n'est, certes, pas médire de nos instituteurs que de les croire, en général, mal préparés à exposer ces questions ; auraient-ils toute l'aptitude et toute l'autorité nécessaires que leurs élèves ne seraient assurément pas en état de les comprendre. Puis, les mêmes raisons qui font écarter de l'école toutes questions religieuses doivent en éloigner les questions métaphysiques. Sur ces purs concepts de l'esprit, la diversité des opinions n'est pas moindre et l'opposition entre elles moins vive que sur les questions religieuses ; tel spiritualiste éprouvera, à l'idée d'un enseignement matérialiste, autant de colère et d'indignation qu'une propagande protestante peut en inspirer à un croyant catholique. Rappelez-vous les discussions de 1881 et les interruptions furieuses qui accueillaient Jules Ferry répondant, au Sénat, à un discours de Jules Simon et démontrant les dangers d'inscrire parmi les programmes scolaires les devoirs envers Dieu : « Devoirs envers Dieu ! disait-il. Mais quel Dieu ? Quand je dis : « quel

Dieu ?» je ne dis rien d'irrespectueux pour la divinité ; je pose une question philosophique. Si je demande : « quel Dieu ?» c'est parce que la conception de Dieu varie selon les religions positives et selon les philosophes, et, en même temps que cette conception, varie aussi la notion des devoirs envers Dieu. Elle varie essentiellement. Est-ce que les devoirs envers Dieu sont les mêmes, si ce Dieu est le Dieu des chrétiens, ou s'il est le Dieu de Spinoza, le Dieu de Malebranche, le Dieu de Descartes ?» Voyez-vous élèves et maîtres, à l'école primaire, en train de s'exercer sur ces abstractions ?

Autant vaudrait rouvrir toutes grandes les portes de l'école aux questions religieuses. C'est bien pour cela que le 21e congrès de la Ligue émettait à Caen, en 1901, le vœu que le chapitre des devoirs envers Dieu fût supprimé dans les programmes officiels. « Ils sont rares, disait à l'appui de ce vœu M. Goblot, professeur à l'Université de Caen, les hommes capables d'envisager ces sortes de questions avec impartialité, indépendance et largeur d'esprit. Dès qu'il s'agit de religion, tous perdent aussitôt leur sang-froid ; la passion aveugle s'empare d'eux ; ils ne reconnaissent plus ni leur Dieu, ni leur croyance, ni leur prière, quand ils les rencontrent en autrui sous une formule un peu différente. Ce chapitre des devoirs envers Dieu, ce chapitre inutile, ouvre la porte à tous les fanatismes religieux ou anti-religieux. »

L'année suivante, dans son livre *Justice et Liberté*, M. Goblot ajoutait :

Avons-nous des devoirs envers Dieu? Tout d'abord, est-ce un devoir de croire en Dieu ! La foi ne saurait être obligatoire, par la raison qu'elle n'est pas volontaire. Je ne puis, par aucun effort de volonté, me persuader ce que je sais être faux, ni refuser mon assentiment à ce que je sais être vrai ; je ne puis pas davantage me contraindre moi-même à juger certain ce qui me paraît être douteux. Il ne dépend de moi, ni de résister à l'évidence, ni de consentir à l'absurde, ni de trouver concluant l'argument dont j'aperçois l'insuffisance. Mais il dépend de moi d'examiner sans passion et sans parti pris. Ce qui est obligatoire, ce n'est pas la *foi*, c'est la *bonne foi*.

Il n'est pas moins évident que l'école doit être fermée à tout écho des débats de la politique active. Plus la vie publique se développe, et plus les luttes des partis sont ardentes. Pas plus qu'il ne saurait admettre que son enfant reçût à l'école un enseignement religieux opposé à ses propres sentiments, le père de famille ne pourrait rester indifférent à une propagande politique qui se poursuivrait à l'école. Les luttes des partis ont un caractère trop contingent. Les partis se forment, vivent et meurent sur des idées, des intérêts qui, comme nos besoins de chaque jour, sont changeants et se transforment. Sans doute, dans les pays libres, les grands partis politiques représentent ou s'efforcent de représenter un fonds d'idées en quelque sorte permanent, et à ce titre pourrait-on dire qu'ils sont un des éléments de l'activité de la nation ; mais dans la vie des partis, dans les luttes de chaque jour, que d'intérêts du moment, que de passions nées du tempérament des hommes, pour lesquelles hier on s'enflammait, qu'aujourd'hui on juge froidement et que peut-être on s'expliquera mal demain ! Laissons l'enfance en dehors de ces luttes, de ces manifestations. Le maître doit s'abstenir de tout ce qui pourrait faire de l'école une sorte de prolongement de la place publique.

Donc, neutre, l'école doit être étrangère aux questions religieuses, aux questions métaphysiques, aux débats de la politique active. Et cela par respect de la liberté de conscience, par respect de l'autorité des parents, et en raison même du jeune âge des élèves qui la fréquentent.

On a distingué, avec raison, dans cette délicate question de la neutralité, la neutralité de l'État et celle du professeur. La neutralité de l'État se manifeste par les programmes, d'où il exclut ce qui divise le plus profondément les hommes ; nous venons d'essayer de la délimiter. Mais la neutralité du professeur ? Elle doit être conforme à celle de l'État. Mais que de sujets peuvent se présenter, qui côtoient les limites ! Souvent, l'enseignement n'est qu'un échange de questions, parfois indiscrètes, posées par l'élève, et de réponses faites par le maître. On parle de Jeanne d'Arc, par exemple, des voix qu'elle a cru entendre : comment expliquer ces voix, par le miracle ou par l'hallucination ? L'école n'étant ouverte qu'aux vérités positives, rigoureusement démontrées, la théorie du miracle n'y saurait trouver place. L'hallucination alors ? Le mot pourra paraître brutal. Si le maître explique Jeanne d'Arc par l'état d'esprit et d'âme de son temps qui a cru ainsi entendre des voix, qui sûrement, vivant dans un pays frontière, était profondément pénétrée des maux dont souffrait le pays de France et, dans l'intensité de ce double sentiment religieux et patriotique, est devenue ainsi la représentation touchante, admirable et fidèle, des douleurs et des espérances des humbles d'alors, croyez-vous qu'il s'éloignera beaucoup de la vérité, et qu'est-ce qu'au point de vue de la neutralité on pourrait bien lui reprocher ? Mais il s'agit de la Réforme, de la révocation de l'édit de Nantes, de la Révolution, de la Restauration, d'un point quelconque d'histoire contemporaine ; ou le nom de Pascal est prononcé, qui évoque le souvenir des *Provinciales*, ou celui de Voltaire, de Diderot, que sais-je ? Le maître doit-il soigneusement éviter toute appréciation personnelle, de peur d'être en désaccord avec qui que ce soit ? A quel enseignement inerte, sans force, sans âme, sans vie, une telle conception n'aboutirait-elle pas ? Qu'est-ce donc que l'histoire à l'école primaire ? Une œuvre d'érudition ? Qui pourrait y songer ?

Ou l'enseignement qu'en donne le maître ne sert à rien, ou il doit être, en même temps qu'une vue des principales choses du passé, une vivante leçon de morale, morale individuelle, morale politique, morale sociale. Et pour dégager cette morale, comment le maître pourrait-il ne pas laisser percer ici ou là son sentiment? Quel rôle serait le sien, s'il en devait être autrement? Bien entendu, ce sentiment ne saurait être en contradiction avec le caractère laïque de l'école; mais, selon que le maître sera jeune ou vieux, ardent ou de tempérament plus calme, l'expression en sera différente, et pourvu qu'apparaisse en toute évidence sa sincérité, ce sera tout profit pour l'enseignement. C'est, en somme, affaire de tact et de probité d'esprit.

Mais, tout cela, dans le rôle de l'école, dans la tâche de l'instituteur, c'est le côté en quelque sorte négatif.

Pour préparer l'homme, le citoyen, quel enseignement le maître doit-il donner?

II

L'article 1er de la loi du 28 mars 1882 a répondu, en plaçant en tête des matières de l'enseignement, l'instruction morale et civique.

L'instruction morale? Mais quelle morale? disaient les adversaires des lois scolaires : vous bannissez Dieu et la religion de l'école, et toute morale s'écroule.

Jules Ferry répondait le 10 juin 1881, au Sénat :

Nous disons et nous affirmons que l'on peut prescrire à l'instituteur de donner un enseignement moral ; mais nous ne lui prescrivons en aucune façon d'appeler l'attention des enfants sur les bases de la morale et sur le postulat du devoir. Nous disons que l'instituteur, non dans des leçons *ex professo* — il n'y en a pas et il ne peut pas y en avoir à l'école primaire sur la morale — mais dans l'intimité quotidienne du maître et de l'élève, dans les plus simples devoirs, dans les conversations qui se tiennent à l'école et hors de l'école, dans les récréations scientifiques, dans les promenades géologiques, dans tous ces petits exercices, à la fois hygiéniques pour le corps et salutaires pour l'esprit, que nous cherchons à développer, à faire entrer dans la pratique des écoles primaires, nous disons que l'instituteur enseignera... quoi ? une théorie sur le fondement de la morale ? Jamais, messieurs..., mais la bonne vieille morale de nos pères, la nôtre, la vôtre, car nous n'en avons qu'une...

Déjà Paul Bert, deux ans auparavant, avait écrit dans son rapport sur la proposition Barodet :

Si les origines de la morale sont encore et seront peut-être éternellement matière à dispute entre les métaphysiciens, qui ne sont pas plus d'accord sur ces questions abstruses que les théologiens entre eux, du moins ses principes et leurs applications pratiques sont chose claire et évidente pour tout esprit droit, pour tout cœur honnête. Les devoirs envers soi-même et les autres, envers la famille, la société, la patrie ; la dignité personnelle, la responsabilité, la solidarité, la fraternité ; l'amour de la vérité, le respect de la justice, la fidélité au serment, la reconnaissance pour les bienfaits, la protection des faibles, le dédain de la vengeance, le mépris de l'envie, toutes les vérités morales peuvent être enseignées sans qu'on ait besoin d'avoir recours ni aux obscurités de la métaphysique, ni aux éclairs du Sinaï. La règle de conduite morale du sage, disait Tseussé 5oo ans avant Jésus-Christ, a son principe dans le cœur de tous les hommes.

C'est donc en s'adressant à la fois au cœur de l'enfant et à sa raison que le maître lui donnera l'enseignement moral. La même méthode inspirera son enseignement civique, et pour l'un et l'autre il trouvera une base excellente dans la Déclaration des droits de l'Homme. « Il existe dans la Déclaration des droits, disait l'un de nos plus distingués inspecteurs d'académie, M. Alengry, dans une conférence aux instituteurs de la Vienne, un véritable programme d'enseignement moral », qu'il ramenait à ces deux principes fondamentaux : « Justice et intérêt général, autrement dit, respect des droits et subordination des intérêts individuels, contradictoires et changeants, aux intérêts généraux permanents et convergents, harmonisés dans l'amour de la patrie et de l'humanité. »

M. Alengry ajoutait :

Il ne sera pas mauvais de montrer à vos élèves que les nobles principes issus de la Révolution sont des principes éminemment moraux et que le régime républicain n'est pas seulement la résultante mécanique de forces fatales et aveugles, mais encore le produit de forces conscientes et morales orientées vers un idéal. Vu sous cet angle, associé à la morale, le credo philosophique et politique de la Révolution ne peut que faire respecter et aimer le régime sous lequel nous vivons.

Quelle est la différence essentielle entre l'enseignement tel que le comportent l'école publique dans une monarchie et l'école ecclésiastique d'une part, et l'enseignement que doit donner l'école laïque dans notre république démocratique ? Dans l'école monarchique, dans l'école religieuse, domine nécessairement le principe d'autorité ; l'école républicaine doit surtout préparer l'enfant à l'exercice conscient et raisonné de la liberté. De là, deux méthodes contraires. Le futur sujet du roi ou de l'Église doit être façonné dès l'enfance à certaines habitudes d'esprit, à des docilités de croyance, à des soumissions de la raison, à des renoncements au droit de critique, qui seraient autant de causes d'infériorité pour le citoyen de la République. Chez celui-ci, c'est le principe de libre examen qui doit dominer. Toute son éducation, dès lors, doit être dirigée dans le sens d'un appel

incessant à la raison éclairée, dans la plénitude de
sa liberté. Au milieu de la mêlée des partis, il importe au bien de l'État que le citoyen n'agisse pas
à la légère, qu'il sache examiner, comparer, juger,
avec le sentiment de la responsabilité morale qu'il
encourt et de la gravité qui s'attache à chacun de
ses actes. Comme il ne relèvera que de l'autorité
de sa raison, il faut donc que tout d'abord il ait
appris à raisonner. La première chose dont on
doit le pénétrer, dans la formation de son esprit,
c'est la nécessité de la probité intellectuelle. On
enseignera donc à l'enfant le respect et l'amour de
la vérité ; on lui fera contracter des habitudes de
réflexion, de libre examen, en même temps qu'on
le formera à la pratique de cette vertu nécessaire
entre toutes, la tolérance.

« La neutralité de l'école signifie deux choses,
disait en 1902 M. Léon Bourgeois : tolérance et vérité.

« Tolérance, parce que l'école est le lieu où les
enfants des familles appartenant à toutes les opinions doivent pouvoir se réunir en paix, voisiner
coude à coude pendant les longues heures des mois
de l'année sans qu'aucun germe de division n'y
soit jeté par le maître. Tolérance, parce qu'il faut
que chacun des petits enfants, plus tard un citoyen, apprenne à respecter la bonne foi, la sincérité chez celui qui sera peut-être son adversaire,
mais qui étant son adversaire n'en reste pas moins
son concitoyen. Tolérance, parce qu'il faut avoir

un grand orgueil ou une grande ignorance pour s'imaginer qu'on possède toute la vérité. Il faut être réservé, modeste et sincère devant ce que croit le voisin et devant la vérité dont il croit être possesseur lui-même. Tolérance, parce que c'est la dignité de la conscience qui la commande, parce que l'intolérant marque par là même qu'il craint la vérité contraire à celle qu'il croit posséder. »

La conséquence immédiate de cet enseignement, c'est la notion, qui se dégagera de plus en plus dans l'esprit de l'enfant, du droit et de la dignité de la personne humaine. Plus un pays jouit de la liberté, plus il est nécessaire, indispensable, que tous les citoyens aient le sentiment profond du droit égal qu'ils ont d'agir, de parler, de penser. « Les hommes naissent et demeurent libres et égaux en droits, » dit l'article 1er de la Déclaration des Droits de l'Homme. Leur sincérité fait leur dignité. Dites cela à l'enfant, il le comprendra très bien, et très bien aussi il se rendra compte que, libre, il doit être responsable, d'abord devant sa conscience, et que plus chez lui ces sentiments seront puissants, plus il croîtra en dignité, plus il méritera sa propre estime et celle de ses concitoyens. La liberté et l'égalité appellent l'idée de justice, dont le complément logique est le sentiment de la solidarité sociale.

Formez ainsi l'éducation intellectuelle de l'enfant, son éducation morale, et rien ne sera plus facile que de former ensuite son éducation civique.

Jules Ferry écrivait aux instituteurs le 17 novembre 1883 :

Le législateur a eu pour premier objet de séparer l'école de l'église, d'assurer la liberté de conscience et des maîtres et des élèves, de distinguer enfin deux domaines trop longtemps confondus : celui des croyances qui sont personnelles, libres et variables, et celui des connaissances, qui sont communes et indispensables à tous, de l'aveu de tous. Mais il y a autre chose dans la loi du 28 mars : elle affirme la volonté de fonder chez nous une éducation nationale, et de la fonder sur des notions du devoir et du droit que le législateur n'hésite pas à inscrire au nombre des premières vérités que nul ne peut ignorer. Pour cette partie capitale de l'éducation, c'est sur vous, messieurs, que les pouvoirs publics ont compté.

Cette éducation, quelle doit en être la base ? Le principe même de la démocratie. 1789 a répudié tout droit divin ; jamais, depuis lors, même durant la Restauration, la France n'est revenue sur cette répudiation. La Déclaration des droits de l'homme est implicitement une affirmation de la souveraineté nationale. Sur cette souveraineté, ont été édifiées toutes nos institutions. Tout part de la nation souveraine, et tout y revient. Au futur citoyen, à l'électeur de demain, il est donc naturel et nécessaire que le maître enseigne ce que c'est que la démocratie, comment l'évolution des formes politiques y conduit les peuples, comment la France en particulier y est arrivée, quels avantages elle a recueillis de ce progrès politique et social et quelles raisons elle a d'y être de jour en jour plus passionnément attachée.

« La démocratie, a écrit un maître éminent, M. Lanson, est une méthode, parce qu'elle consiste essentiellement à considérer les citoyens comme des associés égaux en droits et solidaires les uns des autres, et à décider pacifiquement par le suffrage universel tous les désaccords qui peuvent surgir entre eux. » A l'adoption de quelle forme politique cette méthode doit-elle conduire ? La monarchie parlementaire n'est qu'une sorte de compromis entre le principe monarchique et le principe démocratique ; l'impérialisme ou le césarisme tend fatalement à vicier d'abord, à confisquer ensuite le suffrage universel ; seule, la République nous offre l'application logique et complète du principe de la démocratie. On peut dire qu'elle est la forme supérieure de la démocratie.

L'instituteur s'efforcera donc de développer chez les enfants qui lui seront confiés l'attachement à la démocratie et à la République.

Mais toute notre activité politique et sociale ne saurait se borner à défendre un principe et les institutions qui en sont l'application rationnelle. Un autre devoir s'impose à nos esprits et à nos consciences. La France n'est pas seulement une démocratie organisée, elle est une nation, elle est une patrie, à laquelle nous devons tout notre dévoue-

ment. La patrie, c'est-à-dire non seulement le sol
sur lequel nous vivons, mais le passé de notre pays
avec ses joies et ses douleurs, le présent avec ses réalités, l'avenir avec tout ce qu'il permet d'espérances ; c'est tout à la fois nos droits et nos devoirs,
le génie de notre race qui fait son caractère et son
originalité dans le monde ; c'est le lien sensible et
solide qui nous rattache les uns aux autres et nous
donne à tous, à côté et au-dessus de nos petites
passions, de nos intérêts particuliers, de nos ambitions individuelles, le sentiment profond d'une
communauté nécessaire d'idées, d'aspirations,
d'intérêts ; c'est la grande collectivité dans laquelle
à de certaines heures, viennent se fondre, en
quelque sorte, l'esprit et l'âme de chacun de nous,
pour ne plus former qu'une personne morale, dont
Gambetta disait, parlant de la France, qu'elle était
la plus haute qui fût au monde ; c'est, en un mot,
la solidarité nationale. La notion de la patrie a pu
varier, avec les conditions politiques et sociales ;
avant 1789, elle se personnifiait dans le roi : la Révolution française, en lui donnant pour base le
peuple lui-même constitué à l'état de nation, l'a
tout à la fois précisée et vivifiée ; tout le XIXe siècle
n'a été qu'un long effort des peuples pour affirmer leur droit à l'existence ; l'effort se continue
encore aujourd'hui, singulièrement énergique
en certains points du monde ; et plus une nationalité s'affirme, plus l'amour de la patrie devient un devoir impérieux. La conception même

que nous pouvons avoir d'une humanité harmonisée, où chaque nation ne serait que comme une
partie d'exécutants dans l'orchestre universel, appelle l'amour de la patrie. Il est une condition nécessaire de l'existence nationale. Il est corrélatif
du droit, et s'il n'a pas suffi encore à empêcher les
abus de la force, qui font passer d'un État à un
autre, comme une vile matière d'échange qu'on n'a
pas à consulter, des populations conscientes de
leur nationalité et de leur volonté, du moins,
identifié ainsi avec les droits de la nation et ceux
de l'individu, prenant dès lors une forme plus
haute, plus morale, justifie-t-il toutes les protestations de la conscience nationale contre les oppressions de la force sur le droit. Mais le plus noble des
sentiments n'a de puissance que s'il est agissant.
L'amour de la patrie exige parfois les suprêmes
sacrifices, et dans tous les temps, chez tous les
peuples, on a conservé soigneusement, on a honoré pieusement la mémoire de ceux qui étaient
morts pour la patrie. Comment, en France, pourrions-nous ne pas évoquer ce passé, quand, il y a
un siècle à peine, nos pères de la Révolution, luttant pour la sauvegarde de nos libertés récemment
conquises et pour le salut de la nation, ont donné
au monde un si magnifique exemple de dévouement ardemment et joyeusement consenti ? Ce que
les pères ont fait, les fils le referaient, avec les
mêmes sentiments, si les circonstances l'exigeaient.
C'est l'œuvre nécessaire de l'école de développer,

dès le jeune âge, ces sentiments. Dans l'enfant, nous devons préparer le citoyen ; mais le citoyen n'est véritablement complet que si, dans le devoir civique, il sait comprendre le devoir militaire et s'il est prêt à accomplir également celui-ci et celui-là.

Nous ne sommes plus au temps des armées de métier. La notion du service militaire obligatoire pour tous a eu pour résultat d'égaliser les charges qu'entraîne la défense du pays, de son honneur et de ses intérêts. Et l'on a pu dire avec raison qu'en imposant à tous les jeunes hommes le passage au régiment, c'était encore une leçon de grande portée sociale que leur donnait la loi : leçon d'égalité, leçon de solidarité, discipline salutaire, qui achève de former les esprits, fortifie les âmes et trempe les caractères. L'armée peut et doit remplir ainsi une double tâche : militaire et sociale.

Tant que, dans le monde, les antagonismes politiques et économiques subsisteront, et jusqu'à ce que dans tous les esprits ait pénétré profondément et règne souverainement l'idée du règlement pacifique de tous les différends entre nations, tant que, dans un seul pays, pourra naître la pensée de recourir à la force pour obtenir satisfaction, l'entretien des armées s'imposera.

Acceptons donc virilement toutes les charges que le patriotisme comporte et exige.

Sans doute, le service militaire n'est pas la seule forme que revête, dans la pratique, l'amour de la patrie. Le savant, le commerçant, l'industriel, qui, chacun dans le cercle de son activité, travaillent à étendre le renom scientifique, le rayonnement commercial, la puissance industrielle du pays, font œuvre aussi de patriotes ; en Brazza, conquérant pacifique d'immenses territoires, nous honorons un admirable serviteur de la patrie ; dans toute la mesure de son dévouement et de son désintéressement, quiconque tend à accroître la grandeur morale de son pays mérite notre hommage.

Mais d'abord et avant tout, il faut maintenir l'existence de la patrie et, pour cela, être prêt à la défendre.

L'humanité verra-t-elle jamais le jour, tant de fois rêvé par les poètes et les philosophes, où entre les nations comme entre les hommes règnera souverainement le sentiment du droit et de la justice, et où la réprobation de la conscience universelle exercera une crainte suffisante pour prévenir ou au moins réprimer les manquements au droit ? Tant de siècles écoulés de progrès continu des sciences, de développement de la civilisation, n'ont pas empêché les conflits sanglants entre les peuples, et les menaces de guerre pèsent encore, à l'heure présente, sur l'Europe et sur le monde. Mais, alors que le patriotisme des nations antiques, si énergique, était exclusif et considérait volontiers tout étranger comme un ennemi, nous ne tenons plus pour inconciliables l'amour de notre pays et le respect des droits de l'étranger. Chez toutes les nations civilisées, tout homme aujourd'hui, de quelque patrie qu'il se réclame, est assuré de la protection des lois. Et les mœurs s'accordent avec la loi pour reconnaître le lien moral qui unit les hommes entre eux. Tout concourt au développement de ce sentiment. C'est la fraternité des hommes ; puisse-t-elle être comme l'aube de ce jour lointain, la fraternité des peuples !

III

Sortons maintenant de l'école. Quels doivent être les droits et les devoirs de l'instituteur ? Ceux-là même de tout citoyen. Il doit jouir des uns, pouvoir accomplir les autres aussi librement que chacun de nous. Ce dont il ne saurait parler à l'école, il peut en parler, en écrire, comme tout citoyen a le droit de le faire. Peut-être pourrait-on dire qu'étant dans sa commune, un des plus instruits, plus apte par suite à coordonner des idées, plus fait au maniement de la plume et de la parole, il a le devoir de donner à ces manifestations de la libre activité de sa pensée une forme telle qu'il concoure encore, après l'école, à faire chez les adultes œuvre d'éducation. A coup sûr, son caractère d'éducateur national le suit partout. Aucun de nous ne pourrait, sans une sorte de déchéance morale, dédoubler sa personnalité. Et l'on comprendrait mal, par exemple, qu'un instituteur, enseignant à l'école le respect des lois, professât publiquement, hors de l'école, son mépris de telle loi ou telle autre et provoquât les citoyens à lui refuser obéissance. Montrez, comme vous les sentez et les voyez, les défectuosités de la loi, exposez les raisons pour lesquelles vous croyez utile et juste que la loi soit modifiée ou abrogée et remplacée ou non par telle disposition législative, c'est votre droit ; mais ajoutez que tant que la loi existe, on doit la respecter, c'est votre devoir. A manquer à cette règle de conduite, l'instituteur mettrait en péril son autorité à l'école, sa dignité et sa considération au dehors. Chacun de nous est ainsi obligé, dans l'exercice de son droit de citoyen, à une réserve qui tient à notre situation sociale, à notre fonction. A tout fonctionnaire, quel qu'il soit, sa fonction impose une mesure qui n'est pas une diminution de sa liberté, mais au contraire la coordination, dans une parfaite harmonie, des devoirs du fonctionnaire et des droits de l'individu.

On a parfois invoqué la neutralité pour dire à l'instituteur : tenez-vous bien à l'écart des luttes électorales ; elles divisent les hommes, et vous devez être un agent d'union. Il y a là un évident abus du mot. Si l'école doit être neutre, s'ensuit-il que forcément le citoyen, qui est en l'instituteur, le doive être aussi ? Travailler à l'union des citoyens, sans doute c'est un devoir pour tout esprit

élevé. Toute la propagande que, depuis bientôt
dix ans, a menée la Ligue de l'enseignement contre
la loi Falloux n'a cessé d'affirmer la nécessité de
l'union morale et sociale du pays ; c'est du développement même de l'enseignement laïque que
nous l'attendons. Mais, en face d'une propagande
directement hostile à leurs écoles, à leur enseignement et à leurs personnes, comment nos instituteurs laïques pourraient-ils ne pas se sentir
entraînés dans la propagande contraire ? Chargés
d'enseigner la liberté, l'égalité, la fraternité, comment ne ressentiraient-ils pas, eux aussi, l'ardent
désir qui entraîne notre société contemporaine
vers la réalisation d'un idéal de vérité, de justice
entre les hommes, de bonté ? Il serait plus exact
de leur dire : oui, exercez comme votre cœur et
votre raison vous l'ordonnent vos devoirs de citoyens ; mais, dans ces luttes civiques, voyez surtout des luttes d'idées ; combattez pour des doctrines, évitez tout ce qui peut ressembler à la
haine entre les hommes ; appelés à enseigner tous
les enfants de vos communes, faites en sorte que
votre autorité morale se conserve égale sur tous ;
si ardente que soit la lutte, n'oubliez pas qu'il importe à l'œuvre de l'école que ceux-là même dont
vous combattez le plus vivement les idées puissent
saluer en vous la loyauté de l'esprit, la sincérité
de la conscience ; forcez leur estime et leur respect.

Très belle, très noble, très haute est la mission

de l'instituteur. Si l'enseignement secondaire, qui s'adresse à une élite, a une très grande importance en ce qu'il forme ceux-là même qui, d'une culture littéraire ou scientifique plus intense, peuvent aspirer à jouer des rôles personnels plus en vue, combien l'enseignement primaire, destiné à l'ensemble de la nation, le seul que recevront des millions d'électeurs dont le bulletin de vote doit exprimer la volonté nationale, n'est-il pas d'un intérêt plus considérable dans une démocratie ? Nous désirons pour l'instituteur une situation matérielle et morale en rapport avec sa fonction. Les lois peuvent lui donner les satisfactions matérielles ; il dépend beaucoup de l'instituteur lui-même, de la manière dont il comprend sa mission et les droits et devoirs qu'elle comporte, de l'art avec lequel il sait, dans la pratique, harmoniser les uns et les autres, d'acquérir toute la dignité morale que demande pour lui l'intérêt de l'école et de la démocratie.

Faire des hommes, instituer des citoyens, se peut-il un but plus élevé à l'activité d'un esprit, et quel meilleur emploi des facultés de l'individu ? Oui, préparez des citoyens à la patrie et à la République ; quand ces enfants d'aujourd'hui arriveront à l'âge d'homme, quand le moment sera venu pour eux d'entrer à leur tour dans la mêlée et de prendre parti, qui sait ce que seront devenus les groupements divers entre lesquels nous nous partageons aujourd'hui ? Des intérêts nouveaux peut-être auront surgi, pour ou contre lesquels les luttes s'engageront ; faites qu'autant qu'il peut dépendre du présent ces luttes futures soient pacifiques, fraternelles, et cultivez l'esprit et le cœur des enfants d'aujourd'hui, citoyens de demain, de façon qu'ils ne se décident qu'en vrais hommes libres, soucieux avant tout de la vérité, de la justice, serviteurs de la raison. Faites cette éducation par l'enseignement à l'école et par l'exemple au dehors ; dans l'exercice de la liberté, montrez par vous-même que vous ne séparez pas le sentiment de votre droit de celui de la responsabilité morale qui l'accompagne, et ainsi vous aurez rempli votre tâche d'éducateurs nationaux, vous aurez bien et virilement fait ce qu'attendent la République et la démocratie.

Est-il besoin d'ajouter que, sa tâche à l'école, l'instituteur ne peut utilement la remplir que dans les limites tracées à son intelligence et à son dévouement par les règlements et les programmes ? Aussi, une revision des programmes est-elle nécessaire, ainsi qu'un examen attentif des livres scolaires, afin d'assurer de plus en plus la conformité de ces programmes et de ces livres aux dispositions de la loi du 28 mars 1882, qui a consacré la laïcité de l'enseignement primaire.

L'ÉCOLE LAÏQUE ET LA PATRIE AU XXVe CONGRÈS DE LA LIGUE DE L'ENSEIGNEMENT (¹)

Le 25ᵉ congrès de la Ligue de l'enseignement s'est tenu cette année, du 29 octobre au 1ᵉʳ novembre, à Biarritz. Par la nature des questions qui y ont été discutées, l'accord imposant avec lequel les résolutions ont été adoptées, il a été l'un des plus importants parmi les congrès que la Ligue a organisés depuis sa fondation. A la séance de clôture, on a entendu des orateurs tels que M. Buisson, président de la Ligue, M. Barthou, M. Léon Bourgeois, M. Bienvenu Martin, ministre de l'instruction publique, qui, tous, dans un même esprit, ont exposé, commenté les résultats des délibérations et en ont dégagé l'enseignement, fait du libéralisme le plus pur, et où s'allient, dans une mesure excellente, la claire vision des réalités, le sentiment très net des nécessités présentes, en même

(¹) *Revue politique et parlementaire* du 10 décembre 1905.

temps que l'idéal le plus généreux et le plus humain.

S'il fallait résumer d'un mot l'œuvre de ce congrès, je dirais qu'il a été une affirmation nouvelle, très formelle et très précise, de la nécessité de l'esprit laïque et de l'attachement à la patrie.

Etre laïque, c'est n'être engagé dans aucun ordre religieux, régulier ou séculier. Avoir l'esprit laïque est autre chose. Un laïque peut croire, penser, parler et agir exactement comme un clerc, moine ou prêtre, et n'avoir point l'esprit laïque. Obéissant surtout au sentiment, il incline sa raison devant une autorité surnaturelle et qu'il ne discute pas; il croit à des vérités soi-disant révélées et, donnant sa foi à certains dogmes, dirige sa conduite d'après des prescriptions qui résultent plus ou moins directement de ces dogmes. L'esprit vraiment laïque, au contraire, ne reconnaît pour critérium de sa pensée et de ses actes que la raison, la raison éclairée par la recherche loyale et sincère de la vérité. Pouvons-nous nous flatter d'atteindre sûrement la vérité ! Du moins, nous devons faire effort incessamment pour nous en approcher le plus possible. Qu'importe la conclusion à laquelle chacun de nous aboutit ? L'essentiel est que, dans cette recherche, il se rende compte que ce qu'il croit la vérité peut être mis en doute par un autre, que c'est donc un devoir de ne prononcer qu'après un examen attentif, et que, nul ne pouvant se flatter de détenir la vérité absolue, ce qui fait la noblesse de la pensée, la dignité de l'individu, c'est son degré de sincérité et de loyauté. On peut dire ainsi qu'avoir l'esprit laïque, c'est avoir essentiellement l'esprit de tolérance.

Encore ce mot de tolérance n'est point entièrement juste. Je tolère, c'est-à-dire je veux bien permettre. La tolérance implique une sorte de bonté d'âme, de condescendance, pour des faiblesses, des erreurs, qu'en nous-mêmes nous regrettons, mais contre lesquelles nous consentons, par indulgence, à ne point sévir. Aux temps où la religion catholique régnait en souveraine incontestée sur les âmes et sur les corps, les hérétiques ne pouvaient aspirer qu'à jouir de la tolérance. Le plus beau titre de Voltaire à notre reconnaissance est dans les luttes qu'il mena obstinément contre le fanatisme, au nom de la tolérance. Le temps a marché depuis Voltaire. C'est du droit de l'individu que nous parlons aujourd'hui, c'est pour sa liberté que nous luttons chaque jour. L'esprit laïque, c'est l'esprit de liberté.

Qu'on examine donc le caractère de l'école laïque au point de vue des principes, ou qu'on raisonne d'après les obligations même qu'impose à l'école la diversité d'origine des enfants qui la fréquentent, on aboutit au même résultat : elle doit être une école de tolérance, de liberté, elle doit tendre à former des hommes libres, elle doit enseigner la liberté.

D'après quelle méthode cet enseignement doit-il être donné ? C'est tout un programme d'éducation

qu'a essayé de formuler le congrès de Biarritz. Il
est intéressant de le parcourir.

Tout de suite se pose la question de la neutralité
de l'école. Faut-il entendre cette neutralité en ce sens
que, se bornant strictement à l'enseignement élémentaire, l'école n'aura, en morale, par exemple, en
histoire, aucune doctrine, et que le maître se gardera
soigneusement de jamais rien dire qui pût heurter, si peu que ce fût, une croyance ancienne ou encore existante, un préjugé ? Pauvre corps sans âme,
sans vie, l'école laïque irait vite à une irrémédiable
chute. Le maître doit-il, au contraire, par un véritable scrupule de l'esprit critique, abordant résolument, à l'occasion, tous les problèmes, en exposer successivement toutes les faces, indiquer les
solutions diverses qui en ont été données, et, faisant appel à la raison de l'enfant, laisser à celui-ci
le soin de conclure ? Dans l'enseignement supérieur, qui s'adresse à des adultes dont l'esprit a
reçu déjà une forte culture, une telle méthode pourrait être admise. Mais qui ne voit que, dans l'enseignement primaire, s'adressant à des enfants
dont les plus âgés ont à peine treize ans, elle abou-
tirait à des résultats purement négatifs ? Pour comparer avec profit, pour juger, il faut posséder un
bagage de connaissances, il faut avoir appris à raisonner. Ni l'une ni l'autre de ces deux solutions ne
pouvait s'accorder avec le sens pratique dont a fait
preuve la Ligue de l'enseignement. L'école, telle
que l'ont conçue les auteurs des lois scolaires de

1882 et de 1886, n'a pas seulement pour objet de donner l'enseignement élémentaire, elle a aussi une œuvre éducatrice à accomplir ; elle a, par suite, elle doit avoir une doctrine. « Considérant, dit la résolution adoptée, que, d'après les lois scolaires de la République, l'école primaire ne se borne pas à distribuer l'enseignement élémentaire, mais qu'elle est de plus un établissement d'éducation nationale qui doit exercer sur les enfants du pays l'action la plus propre à en faire des citoyens libres, conscients de leurs droits et de leurs devoirs... » Voilà le but nettement marqué. Comment l'école l'atteindra-t-elle ?

M. Léon Bourgeois l'a dredit excellemment dans son discours : en écartant de l'enseignement ce qui divise le plus profondément les hommes, en portant tout son effort, au contraire, sur ce qui est de nature à les rapprocher et à les unir. Le congrès a ainsi émis le vœu que la neutralité scolaire, « motivée à la fois par le respect de l'autorité des parents et le jeune âge des élèves, soit limitée à la prescription suivante : l'école doit rester étrangère aux questions religieuses ou confessionnelles et aux débats de la politique active. » Est-ce à dire que jamais, à l'école, il ne pourra être question des religions ? Il faut distinguer entre l'enseignement de l'histoire et l'enseignement religieux. Ce que l'école ne doit pas connaître, c'est le dogme pour ou contre lequel elle n'a pas à se prononcer ; ce dont elle n'a pas à s'occuper, c'est l'enseignement particulier de l'une ou l'autre des religions. Elle n'a pour mission de faire ni des catholiques, ni des protestants, ni des israélites ; entre les croyances des uns et des autres, le maître n'a pas à porter un jugement et à prendre parti. Ce qui lui est interdit, c'est l'enseignement du catéchisme, qui n'est pas son affaire ; c'est la polémique, dont le respect même de la conscience de ses élèves et des familles lui fait un devoir de s'abstenir. Mais pourquoi, enseignant l'histoire ou simplement la géographie, ne dirait-il pas que les hommes ont donné, dans le passé, leur croyance à des religions diverses et successives, que ces religions ont été l'occasion entre les hommes de luttes très vives, les plus sanglantes et les plus acharnées qu'ait connues l'humanité, qu'aujourd'hui encore, les religions varient avec les régions, la catholique dominant ici, la schismatique là, le protestantisme ailleurs, de même le mahométanisme, le bouddhisme, etc. ? De cet exposé, quelle conclusion devra-t-il tirer ? La seule qui soit compatible avec l'esprit laïque : c'est que la tolérance est nécessaire entre les hommes, c'est que, même et surtout en matière religieuse, la liberté de conscience est un droit primordial, et que chacun de nous, prétendant être libre, doit respecter chez autrui la liberté.

Quant à la politique, c'est précisément à mettre les enfants en état de s'en occuper plus tard avec le plus de conscience possible que doit tendre

l'école laïque. Comment, sans criante anomalie,
pourrait-elle les y jeter dès à présent !

Et voici tout le programme adopté par la Ligue
de l'enseignement pour que cet enfant devienne
plus tard un citoyen conscient de ses droits et de
ses devoirs :

L'instituteur, s'inspirant des principes de 1789 et
appliquant la méthode rationnelle, se donnera pour
tâche essentielle de développer :

Dans l'éducation intellectuelle, le respect et l'amour
de la vérité, la réflexion personnelle, les habitudes de
libre examen en même temps que l'esprit de tolérance ;

Dans l'éducation morale, le sentiment du droit de
la personne humaine et de sa dignité, la conscience de
la responsabilité individuelle, en même temps que le
sentiment de la justice et de la solidarité sociales ;

Dans l'éducation civique, l'attachement au régime
démocratique et à la République, qui en est la forme
supérieure, et tout d'abord, parce qu'il prime forcément tous les autres, l'attachement à la patrie, avec la
résolution d'accepter virilement toutes les charges civiques et militaires que sa défense nécessite, sans renoncer à l'effort vers la fraternité des peuples.

C'est la partie positive du programme de la
Ligue. Pour point de départ, la Déclaration des
droits de l'homme ; comme moyen d'action, la raison. M. Buisson a évoqué très justement le *Syllabus* dans le discours qu'il prononça à la séance
d'ouverture du congrès, l'opposant à la Déclaration des droits. Il proclamait qu'entre celle-ci et

celui-là, nous ne croyions pas que l'école pût être neutre, qu'elle pût l'être aussi à l'endroit de la patrie. Et d'unanimes et vibrants applaudissements ont salué ses paroles. Mais tout de suite, on voit que si l'école doit nettement prendre parti, la méthode dont son enseignement doit s'inspirer est en accord complet avec le but à atteindre : faire un homme libre. Tous ces droits, tous ces devoirs, intellectuels, moraux, civiques, ce n'est pas comme un *Crédo*, dicté par une autorité humaine qui jouerait ici le rôle de la divinité, que nous devons les enseigner à l'enfant ; ce n'est pas à sa foi que nous nous adressons, mais à sa raison. Cette doctrine, eesentiellement humaine, l'instituteur s'efforcera de la lui faire comprendre.

Oui, il faut, et c'est la tâche essentielle de l'école, éveiller la raison chez l'enfant ; il faut la mettre en mouvement, afin que plus sûrement le maître puisse s'adresser à elle. Le prêtre qui enseigne le catéchisme dit à l'enfant : Tu dois croire cela parce que Dieu et l'Eglise l'ordonnent. Le maître, à l'école laïque, dit au contraire : Il faut aimer la vérité, la respecter et la chercher toujours, il faut réfléchir avant de prononcer ; il faut être tolérant pour ceux qui ne pensent pas comme nous, pour ceux qui agissent autrement, parce que c'est le droit de chacun de conformer ses actes à sa pensée et que la dignité de l'individu consiste précisément à obéir à sa conscience et à sa raison ; si nous avons des droits, nous avons aussi des devoirs ; chacun de nous est responsable, d'abord devant sa conscience, puis devant ses concitoyens, ses semblables, dont il doit respecter les droits comme ils doivent respecter les siens et auxquels il est uni par le lien social de la solidarité.

Pas plus qu'elle ne saurait procurer des adeptes à une religion, l'école ne doit préparer des adhérents à un parti politique. Dans notre société agitée, la vie des partis est éphémère. Mais ce n'est pas mêler l'enfance à nos luttes quotidiennes que lui enseigner ce qu'est la démocratie, comment du régime de la tribu d'autrefois, puis de la cité, puis du groupement plus considérable sous l'autorité d'un seul homme, empereur ou roi, l'humanité s'est élevée à la conception d'un nouvel état social fondé précisément sur le droit de l'individu, et qui à la souveraineté du monarque a substitué la souveraineté de la nation ; l'école doit faire comprendre à l'enfant et lui faire aimer la démocratie, parce que lui-même, plus tard, sera électeur et jouera son rôle dans cette démocratie. De même, on lui enseignera l'attachement à la République et le dévouement à la patrie.

Il paraît qu'on attendait avec quelque curiosité la résolution que voterait le congrès au sujet de la patrie. C'était bien mal connaître la Ligue de l'enseignement et son esprit. Dressant un programme d'éducation du citoyen, comment eut-elle pu ne pas y comprendre, et dans les termes les plus formels, les devoirs envers la patrie ? Ces devoirs,

elle s'est fait honneur de les proclamer il y a longtemps déjà, comme une des conditions nécessaires
de l'existence nationale. Au lendemain du jour où
de tristes doctrinaires déclarent hautement, par un
amour vraiment singulier de l'humanité, préférer
la guerre civile à la guerre étrangère, et, démo-
crates originaux, aimeraient autant vivre sous le
régime du kaiser qu'en libres citoyens de notre
République, il importait qu'une assemblée à laquelle assistaient les plus dévoués propagandistes
de l'éducation populaire et de très nombreux instituteurs, affirmât à nouveau ces devoirs, comme
une protestation de la conscience nationale. Il le
fallait dans l'intérêt de l'école laïque elle-même,
que ses adversaires irréconciliables eussent été
trop heureux de présenter comme un foyer de dé-
moralisation et de désorganisation nationale. Rien
de tout cela n'est plus possible. La formule qu'a
votée le congrès est d'une netteté parfaite. Elle dit
tout ce qu'il fallait dire, et on estimera sans doute
qu'elle le dit très bien :

... Et tout d'abord, parce qu'il prime forcément
tous les autres, l'attachement à la patrie, avec la résolution d'accepter virilement toutes les charges civiques
et militaires que sa défense nécessite...

C'est à l'unanimité, par un vote spécial, pour
mieux marquer ses sentiments, et qui fut suivi de
longs applaudissements, que la commission du
congrès adopta cette partie de la résolution. Les

applaudissements se produisirent, aussi chaleureux, aussi intenses, à la séance plénière. Le sentiment qui emplissait tous les cœurs se manifestait spontanément, avec la plus émouvante énergie.

Ce sentiment du patriotisme, affirmé avec tant de force, et qui doit être enseigné comme le devoir primordial, est-il incompatible avec l'idéal, entrevu par tant de philosophes et que poursuivent de généreux esprits, de paix entre les hommes ? En nous déclarant prêts à remplir toutes les obligations civiques et militaires qu'exige la défense de la patrie et de ses intérêts, entendons-nous opposer, comme dans une antithèse, la force au droit ? Nullement. La France s'est souvent glorifiée d'avoir offert ce spectacle unique, d'une nation préoccupée de grandes idées de droit et de justice et sacrifiant parfois son intérêt matériel pour travailler à les faire progresser dans le monde. Une cruelle expérience nous a appris, et les événements de chaque jour sont bien faits pour nous confirmer dans ce sentiment, que le premier de nos devoirs, si nous voulions servir l'humanité, consistait à protéger d'abord contre tous les périls notre existence nationale. *Primo vivere, deinde philosophari.* On a dit et répété que les guerres d'autrefois étaient souvent décidées par le caprice des rois, leurs intérêts personnels ou dynastiques, leurs ambitions. Encore que le nombre en soit restreint, les souverains n'ont pas disparu, même d'Europe, qui, d'un mot, peuvent déchaîner la guerre entre deux peuples. La souveraineté nationale serait-elle investie partout du droit de déclarer la guerre, nous ne pourrions encore nous flatter d'être à l'abri des maux de la guerre. A défaut des rivalités purement politiques, subsisteront longtemps encore les rivalités économiques, et une récente histoire nous enseigne de quel poids elles pèsent dans la politique des nations. De quelque façon qu'on envisage le problème, si l'on tient compte des réalités, toujours la conclusion s'impose que, pour longtemps encore, l'entretien des armées est nécessaire et que, en France particulièrement, plus nous voulons être maîtres de notre action dans le monde, plus nous devons être forts pour faire respecter notre indépendance et notre liberté.

Mais le sentiment de ce que nous devons à la patrie s'allie très bien avec le sentiment de ce que nous devons à l'humanité. Nous ne sommes plus au temps où tout homme, sorti de son pays, devenait véritablement un étranger que ne protégeaient plus les lois. La notion du lien qui unit les hommes s'est universalisée. Nous sentons qu'une solidarité existe entre tous les hommes. Nous le sentons, du moins, dans le monde civilisé. Car, à ce seul point de vue, que de progrès encore à accomplir ! Le spectacle des excès auxquels les haines de races portent les hommes afflige trop souvent encore l'humanité. La conception n'en est pas moins très belle et très noble de la solidarité qui, des hommes entre eux, devrait monter jusqu'aux nations entre elles et devenir la règle de leurs rapports. Souhaitons que de plus en plus elle prenne d'empire sur le monde, faisons effort pour que chaque jour davantage elle pénètre les esprits ; ce sera comme le rayon d'idéal qui illuminera notre route. Mais, tout en nous inspirant de cet idéal, ne perdons pas de vue les réalités. La paix, oui, ne négligeons rien pour la conserver, mais la paix compatible avec l'honneur, avec la dignité du pays et de la nation, la paix compatible avec le droit. Car ce qu'il faut avant tout enseigner aux hommes, ce n'est pas la paix quand même, c'est le respect du droit, garantie la plus sûre de la paix.

Dans un discours d'une forme très belle, d'une très noble élévation de sentiments, qu'il prononça devant la 2ᵉ commission du congrès, M. Ferdinand-Dreyfus se félicita des progrès faits depuis quelques années par la doctrine de l'arbitrage. Régler ainsi pratiquement les différends ; quelle que soit la sentence, l'accepter d'avance et s'y soumettre ensuite, sans cri de triomphe ni air vainqueur chez la nation qui l'emporte, sans arrière-pensée ni rancune, toute idée d'humiliation écartée, chez la nation qui succombe ; même en se bornant, comme aujourd'hui, aux questions secondaires, quel progrès accompli par l'humanité ! Travaillons donc à l'avènement du droit entre les nations comme entre les hommes ; mais n'oublions pas que des actes d'oppression de la force sur le droit ont été commis, dont 35 années écoulées n'ont pu consommer la prescription, et disons-nous que si le droit devait être impuissant à en obtenir réparation, ce serait peut-être un devoir de recourir à la force qui serait, alors, au service du droit.

Mais il ne suffit pas d'ouvrir des écoles laïques, d'y donner aux enfants un enseignement civique propre à en faire plus tard des hommes libres, des patriotes, des citoyens ; à treize ans, l'enfant quitte l'école. Que lui restera-t-il bientôt de tout cet enseignement s'il est repris aussitôt par ceux-là même qui sont les adversaires de l'esprit laïque, si, dans les patronages inspirés du plus pur esprit congréganiste et clérical, peu à peu, une force obstinée, patiente, infiniment souple et habile, s'emploie à modifier son esprit, à pétrir différemment sa pensée, à miner tout notre enseignement ? Forcée de renoncer à l'espoir de modeler l'enfance à son gré par l'école, l'Eglise s'est rejetée sur les patronages. Là, par des jeux, des amusements, des distractions ingénieusement variées, elle s'efforce d'attirer les jeunes adultes ; il n'est sorte de séductions auxquelles on ne recoure ; de treize à vingt ans, le temps est assez long pour que, savamment, l'œuvre s'accomplisse. Quand le jeune homme ira au régiment, de l'ancien élève de l'école laïque il ne restera qu'un pâle et lointain souvenir ; l'Eglise tiendra son homme et, elle l'espère, le tiendra bien.

C'est la contre-révolution. Allons-nous lui laisser le champ libre ? Dans une communication très documentée et dont la précision a vivement impressionné le congrès, M. Edouard Petit a posé la question. Par des citations caractéristiques, empruntées aux écrits de ceux-là même qui ont assumé la direction de l'entreprise, il a mis en quelque sorte à nu et leur pensée et leur mode d'action. Dans le principe, le patronage n'était qu'une sorte de prolongement de l'école ; il en sera, cette fois, la rectification. Une école, cela coûte cher à installer, à entretenir. Bien plus économique est le patronage. Et vous voyez la suite du raisonnement. Le parti laïque veut les écoles, eh bien, qu'il les ait ; tous les enfants à l'école publique ; mais le rôle de l'école ne dure qu'un temps ; ce sera notre tour ensuite de reprendre l'enfant, de réformer l'esprit de l'adulte. Ecoutez l'abbé Naudet : « Il ne faut pas que les catholiques croient avoir rempli leur devoir social en déclamant contre les écoles laïques. Il y a mieux à faire, c'est de compléter, de corriger, s'il y a lieu, par des patronages, l'éducation qu'on y reçoit. » Et l'abbé Gossard : « Le patronage suffit, les œuvres de jeunesse suffisent, sous la liberté de l'enseignement. » Pendant l'hiver de 1904, à Paris, les abbés Lenfant et Schaefer avaient ouvert, dans la chapelle souterraine de Saint-Augustin, ce que M. Edouard Petit appelle « une manière d'école pratique, d'école normale d'apprentissage », où ils enseignaient à des jeunes filles et à des femmes du monde comment se dirige un patronage. « Dériver l'ardeur combative des femmes bien pensantes, dit M. Edouard Petit, leur amour du prosélytisme vers la tenue des patronages considérés comme œuvre de salut et de foi, sceller l'alliance de la mondanité pieuse et du clergé élégant et avisé en parvenant à mener en commun une campagne intéressée pour la mainmise de la démocratie chrétienne sur les générations qui montent, tel est l'ordre, telle est la règle et la marche. » L'œuvre se poursuit avec ardeur, avec méthode, dans les villes et dans les campagnes. Et qu'on ne s'y méprenne pas, ce n'est pas l'intérêt unique de la foi religieuse qui y préside ; lisez avec un peu d'attention les revues spéciales du parti : la pensée politique se révèle, s'affirme. Nous sommes bien avertis.

Contre toute cette propagande, il y a dix ans déjà que la Ligue de l'enseignement a indiqué la tâche qui s'impose à la démocratie républicaine et laïque, en conviant toutes les bonnes volontés à donner leur concours le plus actif à l'œuvre du patronage démocratique de la jeunesse. L'appel qu'elle adressait en 1894, elle le renouvelle aujourd'hui. Aux patronages cléricaux, opposons les patronages laïques. Déjà l'œuvre est en bonne voie. De 34 patronages laïques qui existaient en 1895, nous sommes arrivés aujourd'hui au chiffre de 2.316, dont 1.356 pour les garçons et 960 pour les filles. Mais songez que les seuls patronages féminins congréganistes sont au nombre de 1.800, et mesurez la tâche qu'il nous reste à accomplir. Education physique, éducation intellectuelle, éducation morale et sociale, éducation domestique, éducation manuelle et artistique, le programme est vaste, dans lequel, selon les milieux, selon les circonstances, les organisateurs peuvent se mouvoir. Il faut redoubler d'efforts, si nous ne voulons pas voir un jour l'œuvre de l'école laïque remise en cause et compromise.

Tel a été, dans son ensemble, le congrès de Biarritz. Je n'en ai retenu que les enseignements, les résultats de grande portée morale et sociale. Et je résumerai l'impression qui s'est dégagée pour tous de ces trois jours de discussion en disant que c'est avec un vrai réconfort, un nouveau viatique, que les congressistes se sont séparés, retournant sur les divers points de la France reprendre chacun sa part dans l'action pour la démocratie, pour la République, pour la patrie, pour la liberté.

LA RESPONSABILITÉ DES MEMBRES DE L'ENSEIGNEMENT ET LA CAMPAGNE CLÉRICALE [1]

Messieurs, la question que je me propose d'adresser à M. le ministre de l'instruction publique, et que je le remercie d'avoir bien voulu accepter, est motivée par un arrêt rendu récemment par la cour d'appel de Dijon dans des conditions que je vais rapidement exposer à la Chambre.

Il y a sept ou huit mois, un habitant d'une commune de la Côte-d'Or, sans avoir prévenu personne, sans avoir porté plainte ni à l'inspecteur primaire, ni à l'inspecteur d'académie, ni au préfet, ni au procureur de la République, appelait brusquement devant le tribunal civil de son arrondissement l'instituteur de sa commune, et, sous le prétexte que cet instituteur avait tenu en classe des propos qui étaient, disait-il, les uns antipatriotiques, d'autres immoraux et enfin les

[1] Discours prononcé à la Chambre des députés le 27 décembre 1907.

derniers contraires à la neutralité scolaire, lui demandait 2.000 francs de dommages-intérêts.

Le premier soin de l'instituteur, en recevant l'assignation, a été de la transmettre à son chef direct, l'inspecteur d'académie. Immédiatement l'inspecteur d'académie, remplissant ainsi son devoir, ordonne une enquête. L'inspecteur primaire se transporte dans la commune et alors — spectacle bizarre, dont ne manquera pas d'être frappée la Chambre qui en tirera les enseignements qu'il comporte — cet inspecteur, chargé de faire une enquête sur un acte reproché à l'instituteur par un habitant de la commune, rencontre, dès son arrivée, une cabale très savamment et très puissamment organisée par celui-là même qui avait porté plainte devant le tribunal contre l'instituteur, cabale dont l'effet sur les enfants, sur les élèves de l'école, est tel que l'inspecteur se heurte à un mutisme général et qu'il ne peut obtenir aucune déclaration.

Ainsi donc, dès le début de cette affaire, l'enquête administrative, l'enquête normale, l'enquête régulière se heurtait à un obstacle invincible dressé par celui-là même qui se plaignait d'un acte de l'instituteur et qui le traduisait devant les tribunaux.

Le tribunal de première instance s'est déclaré incompétent. Le père de famille a fait appel devant la cour de Dijon, et la cour a rendu il y a quelques jours un arrêt par lequel, se déclarant compétente, elle autorise la preuve des faits.

Je me bornerai, messieurs, à vous lire un des attendus de cet arrêt :

« ... Attendu, dit la cour, qu'il suffit d'observer que, parmi ces propos, les uns pourraient constituer des infractions pénales, que d'autres sont inspirés par une immoralité révoltante, que les derniers enfin sont en contradiction flagrante avec la neutralité imposée à l'école en matière religieuse... »

Messieurs, quand on se demande quels peuvent être les propos tenus en classe par un maître, quel qu'il soit, et à quelque degré de l'enseignement qu'il appartienne, que ce soit à l'école primaire, au collège, au lycée, ou, à la rigueur, dans une chaire de faculté, on voit que ces propos peuvent affecter trois caractères différents : ils peuvent être au-dessus de toute suspicion et de tout reproche ; ils peuvent être de telle nature qu'ils constituent un acte déclaré punissable par le code pénal, un délit. (*Interruptions à droite.*)

Messieurs, il me sera peut-être permis de penser que, si les faits que j'apporte à cette tribune et l'argumentation que je me propose de développer étaient moins d'accord avec la logique et avec l'intérêt raisonné des écoles laïques, ils rencontreraient moins d'hostilité de ce côté de la Chambre (*la droite*). (*Très bien ! Très bien ! à gauche*).

Si les propos tenus en présence de ses élèves par un maître de l'enseignement tombent sous le coup de la loi pénale, il est bien entendu — nous sommes tous d'accord sur ce point — que le maître qui les

a tenus est justiciable des tribunaux de droit commun, et que, par conséqent, il peut être déféré au
tribunal correctionnel qui constate le délit ; et la
logique ne s'oppose pas à ce que le tribunal civil
déduise ensuite de cette constatation de faits déclarés punissables par le code pénal, les conséquences qu'ils comportent au point de vue des réparations civiles.

Si la cour s'était bornée à la première partie de
son considérant, visant les propos qui peuvent
être réprimés par le code pénal, il n'y aurait pas
de difficulté. Mais nous savons aussi — et ce sont
les propos mêmes de cette nature visés par la cour
qui motivent ma question à M. le ministre de l'instruction publique — que des propos peuvent être
tenus en classe qui, sans constituer un délit, dépassent cependant plus ou moins — c'est une question
de mesure — les limites imposées, dans l'intérèt
même de l'école, au maître enseignant dans sa
classe. Ces propos peuvent être regrettables, ré-
préhensibles ; mais alors la question se pose de
savoir quel est le tribunal qui sera chargé de les
apprécier, de décider s'ils excèdent la limite imposée aux maîtres par la neutralité scolaire et
dans quelle mesure ils l'excèdent. Est-ce le tribunal civil ? Sont-ce, au contraire, les tribunaux ad-
ministratifs, les conseils universitaires institués
par la loi de 1886 ? Il ne peut pas y avoir de difficulté ; il est bien clair que si les tribunaux civils
avaient le droit de s'immiscer ainsi dans l'école,

d'apprécier les propos tenus par un instituteur ou un maître dans sa classe, de juger s'ils sont conformes ou non à la neutralité scolaire, ils seraient amenés par la force des choses à déterminer les limites de cette neutralité ; ils feraient ainsi une incursion dans un domaine pédagogique et se substitueraient très netttement et très évidemment à l'autorité académique elle-même. Et alors nous pourrions nous demander à quoi serviraient les tribunaux universitaires institués par la loi de 1886.

La thèse que je soutiens est si vraie qu'elle a été confirmée par les deux plus hautes autorités judiciaires de notre pays, par la Cour de cassation et le Conseil d'Etat.

En 1883, au lendemain de la promulgation de la loi sur l'obligation, un père de famille avait refusé d'envoyer son enfant à l'école primaire publique sous le prétexte que l'instituteur avait violé la neutralité scolaire en introduisant dans sa classe un manuel que l'Eglise avait condamné. L'affaire fut portée devant la [Cour de cassation, qui déclara qu'elle ne pouvait admettre comme un motif légitime de refus d'envoyer un enfant à l'école le prétexte tiré d'une violation quelconque de la neutralité scolaire par l'instituteur.

La même année, une commission scolaire ayant admis, comme motif légitime d'absence de l'école, ce même prétexte donné par un autre père de famille, d'une violation de la neutralité scolaire par un instituteur, le Conseil d'État déclara que la commission scolaire, en adoptant ce motif, avait excédé ses pouvoirs et, comme la Cour de cassation, il déclara encore qu'un pareil prétexte ne pouvait pas être invoqué comme un motif valable d'absence de l'école.

La loi de 1886 a stipulé expressément qu'il n'était pas permis aux membres d'une commission scolaire, qui constitue le premier tribunal administratif en la matière, d'entrer dans l'école, parce que le législateur de 1886, comme celui de 1882, avait eu la pensée très nette et très précise de protéger l'école contre toute incursion, quelle qu'elle soit, et de faire dépendre l'instituteur uniquement de ses chefs directs et hiérarchiques, par suite de ne soumettre ses actes qu'aux tribunaux universitaires, au conseil départemental, pour l'enseignement primaire, avec appel au conseil supérieur de l'instruction publique.

Si nous admettions que les tribunaux civils sont compétents dans la matière en même temps que les tribunaux universitaires, il n'y aurait qu'un mot pour qualifier cette situation : on pourrait dire que c'est l'anarchie judiciaire. (*Applaudissements à gauche.*)

Mais la question soulevée par l'arrêt de la cour de Dijon ne doit pas nous occuper seulement au point de vue purement doctrinal. L'arrêt de la cour de Dijon ou plutôt les incidents qui l'ont provoqué ne sont que le commencement d'une campagne dirigée dans le pays tout entier contre l'école laïque (*Applaudissements à gauche et à l'extrême gauche*), par ceux-là même qui, en toute occasion, depuis plus de trente ans, ont été les adversaires de l'esprit laïque et qui, à l'heure actuelle n'ont pas encore désarmé. (*Nouveaux applaudissements sur les mêmes bancs.*)

Nous savons que, depuis quelques années, et surtout depuis la loi de séparation des Eglises et de l'Etat, la charge qui incombe au parti clérical est devenue double, puisqu'il doit faire face tout à la fois aux dépenses de ses écoles et à l'entretien du clergé. Il s'est vu dans l'obligation de choisir, et comme il était probable, presque certain qu'il se verrait forcé de renoncer à l'entretien d'une partie de ses écoles, il s'est fait ce raisonnement qui fait honneur aux professeurs de machiavélisme qu'il compte dans ses rangs (*Réclamations sur divers bancs à droite et au centre. — Très bien ! très bien ! à gauche*), il s'est fait ce raisonnement que, puisqu'il ne pouvait pas avoir à sa disposition, pour lui permettre d'atteindre ses ambitions dans l'avenir, des écoles spéciales, façonnées exactement à sa doctrine, dans lesquelles l'enseignement serait donné tel qu'il le conçoit et pour les fins particulières qu'il poursuit, il fallait se servir des écoles laïques. Or, pour transformer le caractère et l'enseignement des écoles laïques, il y avait un moyen bien simple, c'était de faire peser sur tous les instituteurs du pays un tel régime de

crainte, de suspicion et de terreur qu'ils en vins-
sent eux-mêmes à abdiquer leur caractère de laïcité. (*Applaudissements à gauche et à l'extrême
gauche. — Interruptions à droite.*)

Il est nécessaire que nous déclarions que le parti
républicain tout entier est décidé à s'opposer à
cette campagne.

Il s'est formé, pour centraliser les efforts du
parti clérical contre l'école laïque, une société qui
s'appelle la Société générale d'éducation et d'enseignement et qui est dirigée par les personnalités
les plus éminentes du parti clérical. Vous pouvez,
en consultant les derniers bulletins de cette association, y trouver, sous la plume des chefs les
plus autorisés du parti, et, entre autres, d'un
révérend père qui est une des lumières de l'association, des conseils par lesquels on engage les catholiques à former dans toutes les communes des
associations de pères de famille (*Applaudissements
à droite*) qui, sous la présidence du curé de la paroisse, doivent surveiller tous les propos qui sont
tenus dans l'école laïque, — et on leur indique avec
beaucoup de précision l'attitude à tenir ensuite.

Cela consiste, d'abord, à faire des remontrances
à l'instituteur, et nous savons sur quel ton on sait
les faire; à menacer l'instituteur de plaintes à
ses chefs hiérarchiques et jusqu'au ministre; ensuite à brandir sur lui les foudres de la presse lo-
cale. Vous comprendrez, messieurs, le genre d'action qu'on espère baser sur cette dernière menace,

quand vous saurez dans quel état d'esprit pourra se trouver un instituteur contre lequel on publiera dans le département les propos inexacts ou faux tenus par des enfants peut-être suggestionnés.

Enfin, on ajoute que, si tous ces moyens ne suffisent pas, il n'y aura qu'à poursuivre l'instituteur directement devant les tribunaux civils.

M. Tournade. — Je croyais que, d'après le règlement, une question devait être développée sommairement.

M. le Président. — Monsieur Tournade, je vous fais hommage de mon exemplaire du règlement ; si vous y trouvez la disposition que vous invoquez, vous voudrez bien me la montrer.

M. Tournade. — Je possède le règlement et je l'ai lu...

M. le Président. — Eh bien ! lisez la disposition !

M. Tournade. — Si vous avez modifié le règlement !

M. le Président. — Il n'est pas modifié du tout.

M. Dessoye. — Les évêques eux-mêmes prennent part à cette campagne et nous avons pu lire dans la lettre pastorale de l'évêque Delamaire, coadjuteur de Cambrai, les lignes suivantes :

Enfin, suprême et grave devoir qui incombe à ces catholiques, qu'ils surveillent eux-mêmes de très près les écoles non chrétiennes pour savoir si la conscience des enfants et la loi de neutralité y sont respectées ;

qu'en cas de violation de la loi ils organisent des protestations, ils provoquent des répressions, qu'ils
aillent jusqu'à faire les frais des poursuites, si on les
intente.

Et, bien entendu, ce n'est pas le père de famille
au nom de qui sera intenté le procès qui payera
les frais ; la caisse noire du parti s'en chargera
elle-même.

Voulez-vous vous demander maintenant comment ces défenseurs subits et nouveaux de la neutralité scolaire l'entendent à leur tour ? Nous
sommes amenés par la simple lecture de leurs
écrits à cette constatation que, pour eux, la neutralité scolaire, c'est en quelque sorte la conformité de l'enseignement donné par l'instituteur à
l'enseignement congréganiste.

Il y a quelques années, dans un congrès organisé
par la Ligue de l'enseignement, j'ai eu la mission
d'exposer ce que devait être à notre sens la neutralité scolaire ; et comme je montrais que deux principes contraires dirigeaient l'enseignement donné
dans les écoles congréganistes et celui qui se distribue dans les écoles laïques, la revue même qui
sert d'organe à cette grande société centralisatrice
des efforts cléricaux déclarait que, précisément
parce que j'affirmais cette contradiction entre le
principe de libre recherche de la vérité, qui inspire l'enseignement laïque, et le principe de dogme
et d'autorité qui doit prédominer à l'école congré-

ganiste, je me prononçais par là même contre la neutralité de l'école.

Voilà comment, dans le parti clérical, on entend la neutralité scolaire. Pour ce parti, elle n'existera dans les écoles que lorsque l'instituteur sera dans l'impossibilité de donner son enseignement en s'inspirant des seuls résultats acquis par l'expérience et en se conformant aux règles posées par la conscience et la raison.

Messieurs, en toutes circonstances, précisément parce que nous portons la sympathie la plus vive à nos instituteurs laïques, parce que nous avons pour eux l'affection la plus sincère et la plus cordiale, parce que nous sommes les défenseurs nés — et nous le resterons toujours — de l'esprit laïque (*Applaudissements à gauche et à l'extrême gauche*), nous avons cru de notre devoir, lorsque nos amis nous paraissaient s'engager dans une voie dangereuse, de leur donner des conseils de sagesse, de prudence et de modération ; nous leur avons dit : Chargés de l'éducation des enfants de ce pays, vous devez avant tout leur enseigner le culte de la patrie avec toutes les conséquences que ce culte comporte au point de vue de l'action et du dévouement. (*Applaudissements sur les mêmes bancs.*)

M. DE BAUDRY D'ASSON. — Ils suivent bien vos conseils !

M. DESSOYE. — Oui, ils les suivent et je suis heureux de leur rendre ici l'hommage qu'ils méritent.

Nous leur avons dit et répété que, chargés de donner l'enseignement aux enfants qui seront les citoyens de demain, ils avaient le devoir de leur enseigner que si la violence devait être répudiée dans une démocratie, cette répudiation devait avoir pour conséquence nécessaire le respect des lois, et qu'il appartenait aux instituteurs d'être les exemples vivants du respect de toutes les lois.

Nous leur avons répété en toutes circonstances que l'esprit laïque n'est pas un esprit de guerre, que c'est avant tout un esprit de tolérance et de liberté, et précisément parce que, n'écoutant que notre dévouement aux institutions laïques, nous avons tenu à nos amis ce langage, nous nous croyons d'autant plus autorisés aujourd'hui à prendre leur défense contre les ennemis de l'école laïque, contre ceux qui n'ont jamais cessé de la combattre et qui n'ont pas encore désarmé.

Un révérend père, qui collabore à la revue d'éducation dont je parlais tout à l'heure, écrivait, il y a quelque temps : « Ce n'est pas une témérité de tracer d'avance le plan de persécution de demain. » Nous pouvons retourner sa phrase et dire à notre tour que le plan de persécution qui se prépare pour demain contre les instituteurs laïques, le parti républicain n'est pas de tempérament à l'accepter. Nous ne serons ni dupes ni complices. Nous avons toute confiance dans M. le ministre de l'instruction publique. Le gouvernement tout entier se dressera contre les entreprises de ce genre et le parti républicain sera là pour défendre l'école laïque et l'esprit laïque contre ses ennemis. (*Vifs applaudissements à gauche*) (¹).

(¹) M. Briand, ministre de l'instruction publique, répondit qu'il examinerait avec son collègue de la justice la question de savoir si, sur la compétence, la Cour de cassation ne devrait pas être appelée à se prononcer dans l'intérêt du respect de la loi ; — ce fut le tribunal des conflits qui définitivement statua. Sur la campagne entreprise contre l'école, il s'exprima ainsi :

« C'est un droit pour les pères de famille, à côté de l'école primaire, à côté des collèges et des lycées, à côté même des établissements d'enseignement primaire supérieur, de s'associer aux efforts des professeurs, de leur donner le concours d'un contrôle parfaitement légitime, puisqu'en somme ce sont des pères de famille, et qu'il s'agit du cerveau de leurs enfants qui sont confiés à nos instituteurs et à nos professeurs ; mais si cette organisation est formée dans un esprit d'hostilité systématique, dans le but de gêner et d'inquiéter nos instituteurs et nos professeurs, de les troubler dans l'exercice loyal de leur profession, et surtout de désorganiser notre enseignement public, alors ceux qui entreprennent une pareille campagne nous trouveront en face d'eux et contre eux. » (*Applaudissements à gauche.*)

UNE ENQUÊTE POUR LA DÉFENSE DE L'ÉCOLE LAÏQUE

Deux circulaires (¹)

I

Paris, le 25 avril 1908.

Monsieur le président et cher collaborateur

Vous savez l'ardeur passionnée avec laquelle les partis de réaction cléricale ont lutté contre l'école laïque, instituée par la République, depuis le temps mémorable où, sous la vigoureuse impulsion de Jules-Ferry, le Parlement votait les lois qui consacraient l'obligation, la gratuité et la laïcité de l'enseignement.

Il semble que, en ces derniers mois, cette lutte ait repris avec une vigueur nouvelle, sous une

(¹) Ces deux circulaires, qui ont eu dans le pays un très grand retentissement, ont été adressées au nom de la Ligue de l'enseignement à tous les présidents des sociétés affiliées à la Ligue.

forme dont il importe de dénoncer au pays l'hypocrisie consommée.

Se posant en défenseurs de la neutralité de l'enseignement, ces adversaires de l'école laïque
s'offrent aux familles pour assurer le respect de
lois que les partis auxquels ils appartiennent n'ont
jamais cessé de combattre ; sous le fallacieux prétexte que des imprudences de langage ont pu être
commises, ils incriminent le corps entier de notre
enseignement primaire public, et contre chacune
de nos écoles laïques, contre chacun de nos instituteurs publics, qu'ils déclarent véhémentement
suspects, ils s'efforcent d'organiser une surveillance jalouse, haineuse, s'abritant derrière des
pères et des mères] de famille dont la bonne foi
est odieusement surprise et qu'ils s'efforcent de
grouper en associations.

Certes, nous ne saurions être et nous ne sommes
pas, tant s'en faut, les adversaires d'une sorte de
collaboration des pères de famille et des maîtres de
l'enseignement public pour adapter de plus en
plus cet enseignement, dans le détail des moda-
lités infinies qu'il peut revêtir, aux besoins de
chaque région ; il y a longtemps] que, pour la
première fois, les congrès de la Ligue de l'enseignement ont demandé qu'à l'action dévouée des
instituteurs et des institutrices vînt s'ajouter, dans
une entière communauté du but et dans l'accord
des sentiments, l'action des pères de famille pour
la prospérité de l'école laïque, qui importe tant au

développement de l'esprit laïque, fait de la plus pure essence de raison saine, c'est-à-dire de tolérance et de liberté.

Mais comment ne serions-nous pas émus lorsque nous voyons ceux-là même qui ont toujours été les adversaires acharnés de l'école et de l'esprit laïques, changeant subitement de tactique, prendre l'allure de défenseurs de la neutralité, c'est-à-dire de la laïcité de l'école publique et, par un audacieux abus de logique poussé jusqu'à la mystification, essayer de ruiner et l'école et son enseignement ?

Sous l'impulsion des évêques, le clergé de certains diocèses est parti en guerre pour une nouvelle croisade ; les livres recommandés par les maîtres laïques sont interdits ; les auteurs les plus modérés, Jules Simon même, l'adversaire de Jules Ferry, lors du vote des lois scolaires, et aussi, assure-t-on, M. Mézières, de l'Académie française, ne trouvent pas grâce devant eux ; il s'agit, par une pression continue sur les familles, de ne plus permettre l'entrée de l'école qu'aux livres approuvés par NN. SS. les évêques. L'école laïque, si l'esprit laïque n'opposait à ces tentatives une résistance énergique, ne serait bientôt plus, en certaines régions, qu'une réédition sans force, sans âme, sans vie, de l'école congréganiste.

Pour donner au mouvement tout à la fois de la coordination et une apparence laïque, un secrétariat général de ces associations a été constitue à

Paris. Mais considérez les noms de ceux qui le dirigent, voyez qui collabore le plus activement à la propagande de la Société générale d'éducation qui, de toute son ardeur, pousse au mouvement : ce sont les plus notoires d'entre les chefs du parti clérical, et parmi eux des membres connus de la Société de Jésus.

C'est le bilan de cette action dans la France entière que nous voudrions dresser.

Pour cela, il importe que nous puissions établir par département, par arrondissement, par commune, comment cette action cléricale s'est manifestée, quelles formes particulières elle a prises, par quels faits précis elle s'est révélée.

Nous ouvrons donc une enquête dans la France entière.

Et à chacun de nos amis nous demandons de regarder autour de lui, de s'enquérir, de s'assurer des faits et de nous renseigner.

Dans l'ensemble, quel caractère a eu l'action cléricale contre l'école et l'esprit laïques autour de vous ?

Dans le détail, à quels moyens a-t-elle eu recours ?

Organisation d'associations ? Qui en a pris l'initiative ? Comment fonctionnent-elles ?

Mise en interdit des livres en usage dans les écoles et que les parents, sous la pression de l'association ou de chefs locaux du parti clérical, se refuseraient à acheter pour leurs enfants ?

Instructions données aux enfants pour qu'ils quittent l'école lorsque le programme appelle certaines leçons, par exemple la leçon d'histoire, celle d'éducation morale et civique ?

Espionnage autour des membres de l'enseignement ?

Tous les actes, enfin, par lesquels l'action cléricale, dans ce qu'elle a de plus sectaire, peut se manifester.

Avons-nous besoin de vous signaler l'erreur singulière où l'on tomberait si l'on ne donnait à cette campagne du parti clérical qu'une portée scolaire ? L'entreprise est autrement vaste ; c'est tout l'esprit même qui a inspiré notre législation depuis trente ans que l'on veut combattre, c'est à l'esprit laïque et à toutes les conséquences qu'il comporte au point de vue politique et social que l'on s'attaque.

Et c'est pour défendre l'esprit laïque, et en lui la République et la démocratie, que nous ouvrons cette enquête.

Nous espérons que votre concours ne nous fera pas défaut.

Recevez, etc.

LE PRÉSIDENT
de la Ligue française de l'enseignement.

II

Paris, le 12 février 1909.

Monsieur le président et cher collaborateur,

Nous vous avons signalé déjà l'ardeur passionnée avec laquelle, depuis bientôt deux ans, le parti clérical a entrepris contre l'école laïque et le personnel enseignant de la République une campagne d'insinuations malveillantes et de dénigrement systématique, dont la violence suffirait à caractériser le parti pris.

Généralisant habilement et perfidement quelques faits isolés, les grossissant à plaisir, on s'efforce de représenter l'école laïque, l'école neutre entre les religions, c'est-à-dire libérale et tolérante, telle que l'a fondée la République, comme un foyer de pestilence et, par tous les moyens, on s'emploie à la battre en brèche. Menaces, intimidations, rien n'est négligé pour agir sur l'esprit des parents, des enfants et des maîtres.

Aux parents on n'hésite pas à prêcher la grève des écoliers ; par l'obéissance escomptée des enfants aux conseils d'indiscipline à l'école qui leur sont donnés, on espère ruiner l'autorité des maîtres, et si parents et élèves résistent à tant de passion, on compte que les plaintes multipliées, justifiées ou non, auront raison du courage, de l'énergie des maîtres et de leur dévouement.

Des projets de loi ont été déposés sur le bureau de la Chambre des Députés, par le gouvernement, pour réprimer de telles menées ; nous espérons qu'ils seront prochainement adoptés.

Mais à l'action gouvernementale il est indispensable que vienne s'ajouter l'action de l'initiative privée dans toutes les fractions du parti républicain.

S'organisant d'après un plan méthodique et régulier, le parti clérical groupe ses forces anti-laïques en des associations de pères de famille où, sous le prétexte de veiller à l'enseignement distribué aux enfants par les maîtres de l'école publique, le mot d'ordre est donné d'organiser contre ces derniers l'espionnage, la surveillance étroite et jalouse, la délation.

Pouvons-nous rester indifférents à un tel spectacle ?

Déjà, en certains départements, des groupements se sont constitués, associations de pères et de mères de famille républicains, pour défendre tout à la fois l'école laïque et ses maîtres. Une hostilité déclarée inspire et dirige les associations cléricales ; une sympathie cordiale, le désir du concours le plus actif, le sentiment d'une collaboration affectueuse dans l'intérêt de l'école laïque, des enfants qui la fréquentent, des maîtres qui la dirigent, est le principe même des groupements laïques et républicains.

L'école laïque a été fondée pour donner à la démocratie s'efforçant chaque jour, par un accroissement de forces morales, de substituer son autorité définitive à celle des régimes passés, la pleine conscience d'elle-même. Il n'est pas d'œuvre plus nécessaire.

On invite les pères de famille cléricaux à s'unir contre l'école laïque. À cette mise en bataille des forces cléricales, opposons l'organisation des forces républicaines, démocratiques et laïques.

Car, ne nous y trompons pas, ce n'est pas seulement un objet d'ordre scolaire que l'on poursuit. L'erreur serait étrange que l'on commettrait si, derrière le prétexte, on ne saisissait la véritable raison d'être de toute cette campagne, le désir de revanche de toutes les défaites passées et la préparation des batailles de demain.

A toutes les sociétés ou associations, à tous les groupements, à tous les comités qui se réclament de l'esprit laïque et républicain, qu'ils soient ou non adhérents à la Ligue de l'enseignement, nous demandons leur concours pour répondre à cette action concertée du parti clérical par une action non moins coordonnée de toutes les forces républicaines, démocratiques et laïques.

Là où les amis de l'école ne sont pas organisés, qu'ils se groupent, s'associent ; nous tenons à leur disposition des modèles de statuts ; nos efforts se joindront aux leurs pour rendre leur action plus effective.

Un comité de jurisconsultes a été constitué à la Ligue, dont les membres, dévoués à l'œuvre de laïcité qui nous réunit tous, mettent au service de l'école leur science du droit et leur talent de parole. Dans la plupart des départements, des concours analogues peuvent être obtenus. Dès à présent, sur les cas qui nous seront signalés, nous pourrons procurer les consultations juridiques nécessaires et, s'il y a lieu, dans la plus large mesure possible, pour défendre aux actions intentées et au besoin pour demander de justes réparations, un avocat.

Il ne s'agit pas, bien entendu, de s'engager dans une voie de disputes et de procès. Nous savons le tact, la mesure, par où se traduisent leurs désirs de paix et d'harmonie, dont nos amis du corps enseignant laïque font preuve dans l'exercice de leurs fonctions ; nous n'avons pas besoin de leur dire que, en face d'un ennemi attentif, il importe plus que jamais que, par la dignité de leur attitude, ils imposent demain comme hier au respect de leurs adversaires le spectacle de leur dévouement ; laborieux ouvriers d'une grande tâche patriotique et républicaine, tous ont à cœur de montrer qu'ils sont dignes de la confiance que le pays met en eux. Mais, précisément parce qu'ils ont la notion claire et précise de leurs devoirs, notre sympathie agissante doit les entourer, les aider, les encourager et, lorsqu'ils sont victimes de manœuvres odieuses, prendre vigoureusement leur parti et les défendre.

En eux, c'est l'école que nous défendrons et, par l'école, l'esprit laïque, la démocratie et la République.

LE PRÉSIDENT

de la Ligue française de l'enseignement.

RAPPORTS PARLEMENTAIRES

I

LA QUESTION DES LIVRES A L'ÉCOLE PUBLIQUE ([1])

Messieurs,

Le 25 juin 1908, M. le ministre de l'instruction publique ([2]) déposait sur le bureau de la Chambre un projet de loi destiné à réprimer les entraves apportées à l'application de l'article premier de la loi du 28 mars 1882 sur l'obligation de l'enseignement. Tout au début de l'exposé des motifs, le ministre s'exprimait ainsi :

Par suite de l'application de la loi de 1904 sur l'enseignement congréganiste et depuis la mise en vigueur

([1]) Rapport déposé sur le bureau de la Chambre des députés le 21 janvier 1909, au nom de la commission de l'enseignement chargé d'examiner le projet de loi portant modifications à l'article 14 de la loi du 28 mars 1882 sur l'enseignement primaire obligatoire.

([2]) M. Doumergue.

de la loi de séparation, une nouvelle forme d'opposition s'est manifestée contre l'école publique et l'enseignement de l'Etat.

Dans plusieurs régions, des associations ou des groupements, dits de pères de famille, se sont constitués sur un plan et avec des visées trop uniformes pour n'être pas concertés, et qui, sous le prétexte de défendre la neutralité de l'école inscrite dans la loi, entravent le fonctionnement de cette école et parviendraient aisément, si l'on n'y portait remède, à paralyser l'enseignement des maîtres.

Une enquête récente a permis de constater entre autres les faits suivants :

Sur l'ordre de leurs parents, des enfants, par eux-mêmes irresponsables, se refusent à recevoir les livres de classe dont l'emploi leur est prescrit par le maître, à y apprendre et à réciter les leçons qui leur sont indiquées. Leur désobéissance ouverte ne peut être atteinte par aucune sanction efficace puisqu'elle se couvre de l'obéissance due aux chefs de famille.

Des ministres du culte ne craignent pas de dénoncer et de mettre en interdit, dans leurs instructions et leur prêche, les ouvrages que sont tenus de se procurer les enfants, de contraindre eux ou leurs parents à leur remettre ces livres pour les détruire ou pour en lacérer les passages incriminés, au besoin, de leur substituer des ouvrages de leur choix. Ils refusent d'admettre à l'enseignement religieux et à la préparation aux sacrements ceux des enfants qui, résistant à ces injonctions, continuent à se servir des livres en usage.

Si le maître, désireux d'éviter toute contestation, renonce à prescrire un livre de classe, s'il prétend suppléer à ce livre par la leçon, c'est alors cette leçon, c'est l'enseignement lui-même qui est tenu en échec. Matériellement présents à la classe, les enfant s'abstiennent par ordre d'y prendre part, ils s'isolent dans une attitude d'indifférence et de passivité, ils refusent systématiquement de répondre aux questions qui leur sont posées soit sur l'histoire, soit sur l'instruction civique et morale. On devine ce que devient l'école où de pareils encouragements sont donnés à l'indolence naturelle et à l'insubordination des élèves.

Les auteurs de cette campagne couvrent leurs agissements de ce double prétexte : la violation de la neutralité scolaire, le mauvais choix des livres adoptés par les maîtres.

La tactique est nouvelle; la pensée qui inspire toute cette campagne est la même qui animait le parti clérical, il y aura bientôt trente ans, lors du vote des lois scolaires ; c'est la lutte de l'Eglise, avec son dogmatisme et ses prétentions à la prééminence, contre l'esprit laïque et l'Etat républicain.

Tout au lendemain du vote des lois scolaires, dans les années qui suivirent la proclamation de l'obligation, de la gratuité et de la laïcité de l'enseignement, toute la clameur du parti clérical contre l'école publique, telle que l'instituait la République, se résumait dans ces mots : l'école sans Dieu. Avec quelle virulence de langage, on la signalait à la haine des familles ! Les partisans de l'école congréganiste n'avaient dépensé une telle ardeur enflammée que pour s'élever contre l'at-

tentat commis, disaient-ils, à la liberté des pères
de famille par l'obligation à laquelle ceux-ci
étaient désormais soumis de faire instruire leurs
enfants, le maintien des enfants dans un état de
sainte ignorance étant une des prérogatives essentielles attachées à la dignité du père et l'un de
ses droits sur l'enfant.

Partout où on le put, on éleva l'école privée
contre l'école publique. Comment, par quels
moyens, assura-t-on parfois une clientèle à la première aux dépens de la seconde? La lutte ainsi
comprise n'a pas cessé. En certaines régions, elle
est encore aussi vive qu'au premier jour, plus
vive peut-être, là où les puissances locales, ascendant du sentiment religieux sur les âmes, richesse
territoriale, se sentent encore assez de force pour
mener directement la lutte contre l'esprit laïque
et espérer de faire le vide à l'école publique.

Cependant, à mesure que s'écoulaient les années,
l'espoir s'évanouissait d'un avenir qui eût permis
une revanche législative et de rendre à l'Eglise
dépossédée la direction de fait et de droit et le
quasi monopole de l'enseignement dont si longtemps elle avait joui. Mais cette revanche, difficile sur le terrain de l'école, ne pouvait-on tenter de la poursuivre en disputant à l'esprit laïque
l'enfant une fois sorti de l'école, en portant tous
les efforts sur l'adolescent?

L'enfant quitte l'école à treize ans. Son esprit
est-il alors définitivement formé, sa conscience

est-elle à ce point éveillée que rien, dans les directions qu'il a reçues, ne puisse être changé ? Durant
les sept années qui le séparent du moment où il
ira à l'armée, dans ce long intervalle de l'école au
régiment, n'y a-t-il point place pour une œuvre
nouvelle, où, savamment conduit, l'enfant, devenu
bientôt un jeune homme, laisserait tomber, sans
même qu'il s'en aperçoive, les idées, les sentiments
qu'il aurait recueillis dans son éducation première
pour en prendre, en adopter, du même mouvement lent, régulier et inconscient, de diamétrale-
ment opposés ? Ainsi sont nés les patronages catholiques. En ces dernières années, ils se sont
développés sous toutes les formes : musique, tir,
gymnastique, préparation militaire, etc. Le parti
républicain serait singulièrement aveugle s'il mé-
connaissait cet embrigadement de l'adolescence et
de la jeunesse, à laquelle, faut-il le dire ? on apprend toute autre chose que l'amour de la République et de la démocratie.

Mais combien cette tâche même serait plus faci-
litée à l'Eglise si l'enseignement donné à l'école
pouvait être transformé ? L'école est laïque ? Soit.
Aussi bien, tous les maîtres ne sont-ils pas laïques,
de costume au moins sinon d'esprit, depuis la suppression des congrégations enseignantes ? Les uns,
les congréganistes d'hier, sécularisés aujourd'hui,
sont ce qu'ils étaient, les dociles serviteurs de la
pensée de l'Eglise ; il suffirait d'obtenir des autres
que leur enseignement ne contredît en rien cette

pensée et cette politique. Et, sans qu'il y parût à première vue, mais très sûrement en réalité, l'édifice serait reconstruit. L'Eglise aurait reconquis la maîtrise de l'enseignement et de l'éducation.

Alors nous fut offert ce spectacle, assurément curieux, s'il n'était pas très nouveau, de ceux-là même qui avaient, en 1882, combattu avec tant d'âpreté la loi de laïcité, dénonçant comme un sacrilège abominable, attentatoire à tous les droits de la conscience du père et de celle de l'enfant, la neutralité scolaire, et qui, avec de grands airs indignés, réclament, au nom du respect dû à ces mêmes consciences, l'observation de cette même neutralité.

Comment Jules Ferry, dont on se plaît aujourd'hui, dans ce parti clérical qui l'a si violemment, si outrageusement combattu, à invoquer l'autorité, entendait-il la neutralité de l'école ? Comment nos évêques l'entendent-ils ? La pensée de l'auteur des lois scolaires ne s'accorde pas plus avec le sentiment qui inspire les évêques d'aujourd'hui qu'elle ne répondait à la pensée de M. Fréppel en 1882. Jules Ferry voulait dégager l'école publique de tous liens confessionnels, nos évêques entreprennent de soumettre son enseignement aux dogmes et aux lois de l'Eglise, partant à leur propre autorité. L'opposition demeure entière.

Le mot d'ordre contre l'école laïque est de réclamer l'observation de la neutralité. Non pas que nos évêques tiennent beaucoup à cette neutralité en elle-même. Quel est celui d'entre eux qui, dans l'un de ces mandements où tous se sont donné la tâche de fulminer contre l'école laïque, reconnaît, franchement d'ailleurs, que ce n'est qu'un moindre mal ? Quel autre la déclare impossible, ruinant d'avance, dans son zèle inconsidéré, la thèse développée par l'ensemble de l'épiscopat et toute la presse cléricale ? Celui-là même, d'ailleurs, comme les autres, dénonce dans une prétendue violation de la neutralité ce qu'il appelle, avec ses confrères, une violation de la loi, comme si, en quelqu'une de ses dispositions, la loi de 1882 mentionnait la neutralité scolaire.

Qu'est-ce que cette neutralité ? D'où résulte-t-elle ?

Jules Ferry s'est expliqué très nettement au cours de la discussion de la loi du 28 mars 1882. Il disait notamment, le 23 décembre 1880, répondant à M. Freppel et à M. Keller :

... L'école publique doit être neutre au point de vue religieux. Mais nos adversaires nous posent et posent particulièrement cette question : « Quelle neutralité ? qu'est-ce que la neutralité ? » Il y a deux espèces de neutralité ou, si vous voulez, deux manières de comprendre la neutralité dont il s'agit : la neutralité confessionnelle et la neutralité philosophique. Et c'est résolument que je dis : « Il ne s'agit ici, dans cette loi, « que de neutralité confessionnelle. »

Et pourquoi n'avons-nous voulu, pourquoi ne voulons-nous écrire dans cette loi que le principe de la neutralité confessionnelle ? C'est parce que cette neutralité est une neutralité qui importe à la sécurité de l'État et à l'avenir des générations républicaines. Il nous importe, en effet, grandement, et il importe à la sécurité de l'avenir que la surintendance des écoles et la déclaration des doctrines qui s'y enseignent n'appartiennent pas aux prélats qui ont proclamé, comme l'éminent prélat que j'ai l'honneur de voir devant moi (M. Freppel) l'a fait à Nantes, devant le tombeau de Lamoricière, que les principes de 89 sont la négation du péché originel.

Il importe à la République, à la société civile, il importe à tous ceux qui ont à cœur la tradition de 1789, que la direction des écoles, que l'inspection des écoles n'appartiennent pas à des ministres du culte qui ont, sur ces choses qui nous sont chères, sur lesquelles repose la société, des opinions séparées des nôtres par un si profond abîme. Cela, messieurs, c'est un intérêt général, et voilà pourquoi nous vous demandons de faire une loi qui établisse la neutralité confessionnelle de l'école.

La pensée de Jules Ferry est claire. L'école neutre, c'est l'école dont ni les maîtres, ni les inspecteurs n'appartiendront aux cadres d'un culte déterminé et dont le programme ne dépendra pas des prescriptions qui peuvent résulter de la doctrine ou des dogmes de tel culte ou de tel autre.

Paul Bert, qui fut rapporteur de la loi du 28 mars 1882, ne pensait pas autrement.

Sans doute, lorsque, la loi de 1882 une fois votée, on dut passer à l'application, Jules Ferry donna aux instituteurs d'éloquents et judicieux conseils sur la façon dont ils devaient distribuer l'enseignement désormais obligatoire. Appelant tous les enfants de ce pays à se réunir sur les bancs de l'école publique pour recevoir un enseignement qui, s'adressant à tous, sans distinction de condition sociale, toute pensée étant écartée des partis politiques ou religieux auxquels pouvaient se rattacher les parents, soit de nature à préparer chacun d'eux, non seulement à faire face aux nécessités matérielles de l'existence, mais aussi à remplir ses devoirs et à jouir de ses droits de citoyen, il était naturel que la République prescrivît aux maîtres appelés à enseigner en son nom d'observer une certaine réserve, une mesure dans le langage qui n'était que le respect nécessaire dû aux convictions sincères. Et Jules Ferry l'a dit dans une lettre célèbre dont nous ne songeons à renier aucun passage. Mais réserve, convenance, tact, correction n'ont jamais signifié abdication, et par neutralité de l'école c'est la soumission absolue aux prescriptions de l'Eglise et par suite à l'autorité des évêques que réclame aujourd'hui le parti clérical.

Lisez les critiques dirigées contre les livres en usage dans nos écoles publiques. Les histoires de France et les manuels de morale et d'instruction civique ont été particulièrement poursuivis par les anathèmes.

Voici l'*Histoire de France* de Calvet. Le promoteur principal des associations de pères de famille, M. Gurnaud, en a fait une critique toute spéciale. Que lui reproche-t-il d'abord ? D'accorder « peu de place au récit des événements militaires. Six lignes racontent la guerre de Trente ans, deux pages les guerres de Louis XIV ». Il paraît que ce sont là « d'inquiétants raccourcis ». Plus loin, le critique reproche à l'auteur de dire que « Louis XIV fit par ambition de nombreuses guerres » et d'écrire à propos du traité de Campo-Formio :

En quatre années, la République atteint un résultat que nos rois avaient poursuivi sans succès pendant des siècles.

Mais M. Calvet, après avoir signalé dans le moyen âge une « époque de misère et d'ignorance », a osé écrire au sujet de la Renaissance :

Alors, se produit un magnifique développement des lettres et des arts, la Renaissance. En même temps, la foi des anciens temps disparaît, l'esprit de libre examen reprend ses droits, et une révolution religieuse, la Réforme, arrache la moitié de l'Eglise au catholicisme.

Et voilà, du coup, la neutralité affreusement violée.

Dans un *Manuel de morale*, M. Bayet écrit :

Le droit d'avoir la religion qu'on veut, ou de n'avoir aucune religion, s'appelle la liberté de conscience. La liberté de conscience est un droit absolu.

Et la revue *les Études*, que dirigent les pères de la Compagnie de Jésus, s'indigne parce que les diverses religions « sont mises sur un pied d'égalité ».

C'est assurément le droit de tous ceux qui n'approuvent pas l'esprit laïque de le combattre ; c'est le droit des écrivains du parti clérical de critiquer les livres en usage dans les écoles publiques et de signaler à leurs amis en quoi ces livres s'éloignent des prescriptions exactes d'une doctrine de parti qui n'admet que l'apologie et condamne toute liberté de pensée et d'appréciation. Aussi bien, n'avons-nous fait ces quelques citations que pour montrer par des exemples toute la différence qui existe entre la neutralité telle que la comprenait Jules Ferry et celle que préconisent et dont se réclament nos évêques.

Dans la pratique, comment les choses se passent-elles ?

L'article 1er de la loi du 28 mars 1882 énumère les matières que doit comprendre l'enseignement primaire. L'enseignement de ces matières est obligatoire dans les écoles publiques et dans les écoles privées, comme aussi lorsque l'enfant est instruit dans sa famille. Au premier rang de ces matières se trouve l'instruction morale et civique, puis la lecture et l'écriture, la langue et les éléments de la littérature française, la géographie, particulièrement celle de la France, l'histoire, particulièrement celle de la France jusqu'à nos jours, etc. Est-il admissible que, par un obstacle quelconque, cet enseignement soit rendu impossible ?

C'est toute la question que nous avons à examiner.

Sous l'impulsion des évêques et sur l'initiative des militants du parti clérical, des associations de pères de famille se sont constituées, dont les directeurs sont venus apporter des injonctions aux instituteurs, les invitant à cesser d'user de tel livre, et, si l'instituteur refusait, ont provoqué la résistance des familles et l'indiscipline des écoliers ; plus fréquemment, les curés eux-mêmes sont entrés en scène, commençant par un sermon à l'église où l'école laïque et son enseignement étaient violemment attaqués, puis les enfants étaient invités à apporter au curé les livres mis entre leurs mains. Le curé alors exerçait sa censure, retenait les livres en défendant aux enfants de consentir à recevoir d'autres exemplaires du même ouvrage et d'y apprendre les leçons prescrites par le maître, ou bien il déchirait les pages dont le texte n'était pas à sa convenance et rendait aux enfants les livres ainsi détériorés. En certaines communes, on en faisait un autodafé ; le livre était brûlé, comme autrefois en place de Grève. Parfois, comme dans le Pas-de-Calais, dans l'Aveyron, le curé s'adressait par écrit à l'instituteur ou à l'institutrice et, en vertu des instructions données par l'évêque, l'invitait à changer de livre. Si l'instituteur refuse, c'est la guerre dé-

clarée dans la commune, le curé mettant tout en
œuvre pour exciter les parents et pousser les enfants à tous les excès contre le maître dans l'école.
Les parents se montrent-ils réfractaires aux ins-
tances du curé : c'est alors la menace du refus de
première communion, suprême argument, menace
dernière dont on attend une efficacité particulière.

D'un bout de la France à l'autre la campagne a
été menée, avec plus ou moins de violence, mais
avec une parfaite concordance de langage et de
sentiments. Le coadjuteur de Cambrai, M. Delamaire, fut un des initiateurs de cette campagne,
où M. Turinaz, évêque de Nancy, M. Henry,
évêque de Grénoble, M. Laurans, évêque de
Cahors, l'évêque de Bayonne, rivalisèrent de zèle
et d'entrain. C'est la guerre à l'école laïque, prê-
chée, déchaînée, dans son principe et dans son
application.

Dira-t-on qu'il s'agit de quelques livres seulement, les Histoires de France de Calvet, d'Aulard
et Debidour, un ou deux manuels de morale et
d'instruction civique ? Mais parcourez la liste des
livres scolaires mis à l'index par les évêques ;
vous ferez les plus stupéfiantes constatations. C'est
le petit livre *Devoirs des Enfants*, par Barrau, c'est
la *Grammaire* de Larive et Fleury, c'est l'*Instruction civique* de M. Mézières, sénateur et membre
de l'Académie française, c'est l'*Histoire de France*
de M. Lavisse, l'*Instruction civique* de M. Ma-
billeau, le petit livre de Jules Simon sur le même

objet, c'est *Jean Lavenir* d'Edouard Petit et Lamy, couronné par l'Académie française comme « le meilleur ouvrage destiné à l'éducation du peuple », c'est tout ce qui peut être suspect, non pas d'hostilité à l'idée religieuse, mais simplement d'un peu d'esprit critique, de liberté d'esprit, de souci de la vérité.

Cet empêchement, voulu, concerté, organisé, à l'application des prescriptions les plus impératives de la loi qui a rendu l'instruction primaire obligatoire, le parti républicain peut-il le tolérer ? Est-il admissible que la loi du 28 mars 1882 soit ainsi mise en échec ?

Le parti républicain sera-t-il dupe d'une campagne, si savamment conduite soit-elle, qui, sous prétexte de préserver l'âme de l'enfant, ne tend à rien moins qu'à annihiler dans la pratique l'une des lois dont s'enorgueillit à bon droit la République, qui a déjà donné d'appréciables résultats et doit en donner de plus fructueux encore ? Après avoir, par les lois de 1882 et de 1886, enlevé l'enseignement public aux influences confessionnelles, après avoir libéré l'école publique de la surveillance du clergé que la loi Falloux lui avait imposée, allons-nous laisser le clergé reprendre, en fait, cette surveillance et, par tous les moyens dont il dispose, par l'audace, par la menace à l'endroit des maîtres et des parents, exercer indirectement une direction dont le grand effort de 1882 l'avait justement privé ?

Ce serait bientôt la fin de l'école laïque.

Dans une assemblée générale annuelle de la Société générale d'éducation, tenue à Paris le 31 mai 1907, un orateur du parti clérical, M. Jacquier, s'écriait :

Voyez nos récents insuccès électoraux ; on s'en est étonné ; on en a accusé la fraude, la pression administrative ; je le veux bien ; elles n'y sont point étrangères. Mais voyez la véritable raison, celle qui chaque jour se fera plus sourdement sentir : ne nous y trompons pas, c'est l'école laïque, ce sont ces électeurs nouveaux que, par centaines de mille, elle verse chaque année dans le pays et qui en troublent si profondément la moralité.

Il ajoutait :

Chaque jour s'impose plus étroitement à nous l'obligation de surveiller l'école laïque.

C'est parce que les projets déposés par le gouvernement le 25 et le 30 juin dernier sont bien de nature à défendre l'école laïque qu'ils ont été accueillis avec tant de colère par tous les ennemis de l'esprit et de l'école laïques.

On a dit, pour les combattre, qu'ils étaient un nouvel attentat à la liberté des pères de famille. Sophisme qui ne résiste pas à l'examen.

Quel est le premier devoir du père de famille ? C'est, après lui avoir donné le pain quotidien, de faire instruire son enfant. La loi lui laisse le choix

entre l'école publique et l'école privée. Se décide-
t-il pour l'école publique ? Il a le devoir de laisser
se poursuivre l'œuvre de l'école, telle que la loi l'a
prescrite ; il le doit pour son propre enfant, il le
doit dans l'intérêt des enfants des autres, qu'il ne
saurait empêcher de recevoir un enseignement
dont leurs parents apprécient pour eux la convenance et l'utilité.

Mais vous vous opposez, dit-on, à ce que le père
de famille s'intéresse à l'enseignement donné à son
enfant ? Qu'est-ce à dire ? La collaboration du père
et de l'instituteur, dans toute la mesure où — c'est
trop souvent le cas — le peu de culture de l'un peut
lui permettre d'apprécier la compétence et l'effort
de l'autre, mais quel instituteur l'a jamais re-
fusée ? Elle serait grandement souhaitable, si elle
était possible. Et nos instituteurs, assurément,
s'en féliciteraient. Sympathique, amicale, confiante, tout inspirée du même désir de préparer
les enfants à la pratique des devoirs qui les attendent et à l'exercice des droits dont ils jouiront
quand ils seront hommes et citoyens, ce serait
pour les maîtres de l'école laïque une force nouvelle. Soutenus ainsi dans l'accomplissement d'une
tâche parfois difficile, ils éprouveraient du même
coup la satisfaction de voir leur dévouement mieux
compris.

Mais s'agit-il de rien de semblable ? Au lieu
d'une loyale collaboration, c'est la suspicion, la
défiance, la surveillance jalouse et haineuse et,

dans le mot d'ordre donné d'un bout du pays à
l'autre pour organiser cette surveillance, la menace. Lisez les lettres des évêques, parcourez les
bulletins paroissiaux imprimés ou autographiés
dans lesquels nombre de curés transmettent à
leurs ouailles, délayés, amplifiés, et avec quel at-
ticisme! les conseils et les ordres des prélats, jetez
les yeux sur tant de feuilles volantes, parfois illus-
trées, et quelle illustration! tracts de deux ou
quatre pages destinés à répandre partout le cri de
haine et le cri de guerre : vous serez vite édifiés.

Non, on veut moins intéresser le père de famille
au progrès de l'instruction et de l'éducation de son
enfant que recruter des éléments de combat,
des adhérents, pour une campagne nouvelle et
dont on dit volontiers qu'elle dépassera en vigueur celles d'autrefois contre l'esprit et l'école
laïques, c'est-à-dire contre la République.

Quant aux livres, discute-t-on la manière dont
leur usage est autorisé ? Pas un instant. Réunis
chaque année en conférence spéciale, au plus tard
dans la première quinzaine du mois de juillet, les
instituteurs de chaque canton établissent une liste
des livres qu'ils jugent propres à être mis en usage
dans les écoles primaires publiques. Les listes
ainsi dressées sont examinées, au chef-lieu du département, par une commission composée des inspecteurs primaires, du directeur et de la directrice
de l'école normale et des professeurs et maîtres délégués de ces établissements, réunis sous la pré-

sidence de l'inspecteur d'académie. Cette commission revise les listes cantonales et arrête, pour le
département, le catalogue qui est ensuite soumis
à l'approbation du recteur de l'académie. Jules
Ferry, qui avait établi ces règles par un arrêté dont
les dispositions sont devenues celles de l'arrêté organique sur l'enseignement, donnait, le
7 octobre 1880, aux recteurs, des instructions pré-
cises et détaillées sur ces opérations, les raisons
qui avaient déterminé et l'administration de l'instruction publique et le conseil supérieur à remettre au corps enseignant le choix des livres, les
résultats d'ordre pédagogique qu'on était en droit
d'en attendre. Bien entendu, le ministre a toujours
le droit, après avis de la section permanente du
conseil supérieur, d'interdire tel livre qui aurait
pu être inscrit sur le catalogue départemental et
qui lui serait signalé comme de doctrine trop con-
testable pour être admis sans inconvénient dans
les écoles publiques. Critique-t-on cette méthode?
Dit-on qu'elle n'offre pas assez de garanties et que
le ministre n'aurait pas, le cas échéant, usé des
pouvoirs qui lui appartiennent?

Rien de semblable. Ce n'est pas cela qui importe.
L'interdit jeté par les évêques sur certains livres
indique clairement leur sentiment. Depuis des
années, ces livres étaient mis entre les mains des
enfants, lus, commentés en classe ; les éditions
succédaient aux éditions et s'épuisaient ; aucune
plainte ne se faisait entendre ; aucune voix ne s'éle-

vait pour signaler l'atteinte portée par M. Lavisse, directeur de l'Ecole normale supérieure, membre de l'Académie française, à la conscience des enfants; chaque maître, suivant son tempérament particulier, ses affinités intellectuelles, ses sympathies pour tel ou tel auteur, choisissait soit le livre de Lavisse, soit celui d'Aulard et Debidour, soit celui de Calvet ; cela dura des années, sans que personne au village en témoignât le moindre émoi ; les enfants allaient à l'école, les maîtres faisaient de leur mieux pour former de bons écoliers ; les pères de famille, constatant les progrès de l'instruction de leurs enfants, étaient satisfaits : la paix régnait autour de l'école, dans un échange réciproque de témoignages de confiance et d'estime entre instituteurs et parents, les premiers se dévouant à leurs élèves et ceux-ci rendant à leurs maîtres affection et respect.

Brusquement, tout change. Et, comme du jour au lendemain, les livres deviennent pervers, la neutralité est violée.

C'est que la politique cléricale a ses nécessités.

Aussi bien, notre collègue M. Gayraud, dans une lettre qu'il a adressée au président de la commission de l'enseignement et dont la modération de langage contraste avec la violence de tant de manifestes épiscopaux, expose-t-il loyalement le problème. En face de l'Etat, se dresse l'Eglise, qui prétend, elle aussi, à la souveraineté.

« Le catholicisme n'est pas, dit-il, une religion

9

amorphe, ni au point de vue de la doctrine, ni au point de vue de l'organisation et de l'administration des fonctions et des intérêts cultuels. Nous autres catholiques, nous avons un dogme, une liturgie, un gouvernement; et tout cela repose sur une tradition que nous croyons divine. Notre Eglise, avec son magistère, ses sacrements, sa hiérarchie, est là, par l'institution divine et positive de Dieu, pour soutenir tout cet ensemble. Telle est notre foi, notre conscience. Or, s'il arrive — comme il est arrivé — que les maîtres de l'enseignement public, soit dans des livres destinés à leurs élèves, soit dans leurs leçons scolaires, professent une opinion contraire à ce qu'il y a d'essentiel dans le catholicisme, que doit-il se produire inévitablement ?

« D'abord, il faut s'attendre à ce que l'autorité religieuse intervienne pour sauvegarder l'intégrité et la pureté des croyances catholiques. C'est son droit le plus incontestable et le plus sacré. Il n'est pas possible qu'à se placer, par hypothèse, au point de vue du catholicisme, personne vienne, logiquement, contester à l'Eglise romaine le droit de remplir ce devoir de son magistère. L'on verra donc des condamnations ecclésiastiques portées contre certaines opinions émises et contre certains livres publiés à l'usage des enfants. Il y aura des arrêts de police doctrinale de la part du Pape et de la part des évêques, avec des mises à l'*Index*...

« Quelle est alors l'obligation qui incombe strictement à la conscience des catholiques, clergé et fidèles? Je vous fais juge de leur devoir religieux, mon cher collègue. Le clergé doit promulguer la décision de l'autorité ecclésiastique et avertir les laïques de leur caractère obligatoire, ainsi que des pénalités et sanctions religieuses encourues par les contrevenants; et les simples fidèles *sont tenus* d'obéir au magistère de l'Eglise. »

L'opposition est très nette: deux gouvernements, deux pouvoirs, l'Eglise et l'Etat. Lequel doit céder? M. Gayraud dit : c'est l'Etat. Et l'on s'explique qu'il se prononce contre la neutralité scolaire. Il en demande cependant plus loin l'observation. C'est que, pour lui comme pour les évêques, elle ne consiste pas seulement dans le caractère laïque des maîtres et des programmes, par suite dans une réserve, une mesure, une correction de langage au cours de l'enseignement, mais bien qu'elle n'est possible que par une abdication.

Cependant, M. Gayraud semble regretter que la paix religieuse puisse être troublée dans notre pays. Qui ne le regretterait avec lui? Mais quel esprit non prévenu ne reconnaîtrait aussi que le langage des évêques, l'attitude de trop de membres du clergé ne sont pas de nature à apaiser les esprits, bien au contraire?

La loi du 28 mars 1882, en imposant à tout père de famille l'obligation de faire instruire son enfant lui a donné le choix entre l'école publique, l'école privée et l'éducation dans la famille. Si le père choisit l'école publique, il a le devoir de ne rien faire qui puisse empêcher son enfant de recevoir régulièrement, normalement, l'enseignement qui s'y donne. S'il suit cet enseignement, s'il collabore à l'œuvre du maître, il remplit doublement son devoir. Encore une fois, ce n'est pas le maître qui s'en plaindra. Que s'il croit défectueux sur certains points l'enseignement donné à l'école, il a assurément le droit de s'en entretenir avec le maître et, s'il lui paraît qu'une plainte est nécessaire, le droit de l'adresser aux autorités académiques. Il n'est pas vrai de dire que ces autorités restent toujours inertes, que la voix des pères de famille n'est jamais entendue. La vérité, c'est que souvent ces plaintes ne reposent sur rien ou peu de chose. Si le père de famille a des droits, l'instituteur, le professeur en a aussi qui ne sont pas moins respectables. Un projet de loi déposé par les ministres de l'instruction publique et de la justice a pour objet, d'ailleurs et précisément, de donner toutes garanties et aux parents de l'enfant et aux membres de l'enseignement.

Mais, l'enfant une fois inscrit à l'école publique, que le père ou qui que ce soit vienne troubler l'enseignement, dire à l'enfant : tu n'apprendras pas telle leçon, tu ne liras pas dans tel livre que le maître mettra entre tes mains, tu fermeras les yeux quand il écrira tel résumé au tableau, tu te boucheras les oreilles quand il passera à telle partie du programme ou tu quitteras la classe, c'est une violation manifeste de l'article 1er de la loi du 28 mars 1882 qui ne peut être tolérée.

Il ne s'agit plus ici seulement, comme dans le cas de non fréquentation scolaire, d'une infraction passive, si l'on peut dire, par défaut d'agir, qu'expliquent la négligence, l'insouciance, parfois la misère, mais bien d'une action déterminée, voulue, réfléchie, calculée.

Mais qui doit en porter la responsabilité?

Dès le lendemain du jour où fut déposé le projet de loi, toute la presse cléricale dénonça une atteinte nouvelle à la liberté des pères de famille. Le sophisme fut vite percé à jour. Le père de famille, dans toute cette campagne, il n'est guère qu'un instrument; je dirais volontiers qu'il est une victime. D'initiative, le plus souvent, il n'en a pas : quand il agit, c'est à l'instigation de quelqu'un qui a sur lui une autorité à laquelle il n'ose ou ne peut se soustraire ; une responsabilité lui incombe dont nous ne pouvons le décharger, mais qui doit être la plupart du temps très atténuée. A lui, toutes les indulgences.

On commettrait une erreur singulière si l'on ne se montrait pas plus sévère pour celui ou ceux qui, à côté du père de famille, au-dessus de lui, sont les véritables auteurs de l'infraction à la loi : le laïque, clérical militant, grand propriétaire ou chef d'industrie, qui abuse de sa situation sociale, le prêtre qui met en jeu son ascendant moral et son autorité religieuse. Ceux-là sont doublement coupables, d'abord parce qu'ils excitent, provoquent à la violation de la loi, et puis parce que leur action s'exerce, en définitive, sur un enfant auquel aucun lien de droit naturel ou de droit écrit ne les attache et qui leur est étranger. Il est juste qu'ils soient frappés plus sévèrement. Il sont bien les coupables.

Enfin, les membres d'un clergé jouissent d'un privilège. La loi les protège dans l'exercice du culte, elle leur garantit le libre usage des églises et des temples et elle édicte des peines sévères contre quiconque viendrait troubler les cérémonies auxquelles ils président ; mais avec raison elle décide aussi qu'ils ne sauraient, sans s'exposer à des peines justifiées, se livrer à des écarts de langage qui constitueraient un délit soit contre les particuliers, soit contre la chose publique. La protection même dont ils sont entourés dans l'édifice cultuel accroît leur responsabilité. Serait-il admissible que la provocation à la même infraction commise par eux, dans les conditions qui viennent d'être dites, ou par un individu quelconque, chez lui ou dans la rue, appelât la même répression ? Assurément non. Aux avantages dont le prêtre jouit doit correspondre, s'il abuse de sa situation, une responsabilité plus grande. La peine qu'il en encourra dans le cas qui nous occupe doit donc être plus sévère.

Déjà, quelques membres du clergé ont crié à la persécution et se sont déclarés prêts à subir les

palmes du martyre. « Nous ne reculerons pas, écrit
l'évêque de Grenoble, M. Henry. Je payerai ou je
ne payerai pas les amendes auxquelles on me con-
damnera ; j'irai s'il le faut, en prison. » Ce sont
là des exercices de style auxquels il ne faut pas
donner plus d'importance qu'ils n'en comportent.
La loi, nous n'en doutons pas, calmera plus d'une
de ces effervescences. Elle est nécessaire pour
montrer aux adversaires de l'école laïque que si
l'Etat républicain, respectueux des principes de liberté proclamés par lui, n'entend soustraire en
aucune manière à la discussion publique et l'école
et les livres qu'on lui destine et son enseignement, s'il ne songe à empêcher aucune con-
troverse sur ses méthodes et ses programmes,
il est, du moins, résolu à ne pas permettre
qu'un concert illicite se forme, de par une autorité qui se prétend supérieure à la sienne, pour
entraver l'application d'une loi de la République.
Nous restons fidèles à la pensée du législateur de
1882 ; il a prescrit à l'école la neutralité confessionnelle, il a repoussé la neutralité philosophique.
Autant vaudrait fermer l'école laïque, s'il fallait
incliner la vérité scientifique devant le dogme.
Mais exposer cette vérité scientifique, en montrer
la noblesse et la beauté, former la conscience des
jeunes enfants assis sur les bancs de l'école par
l'enseignement d'une morale laïque d'autant plus
accessible à l'esprit de tous qu'elle emprunte ses
préceptes essentiels au développement de notre

vie de chaque jour, retracer devant eux l'histoire
de notre pays avec ses succès et ses revers, leur
dire ce qui fait la grandeur de la France, son effort
continu pour sa propre civilisation, en même
temps que son rôle dans le développement de la
civilisation universelle, et, chemin faisant, de cette
revue du passé, tirer des leçons pour le présent et
pour l'avenir, éveiller ainsi jour par jour et à
l'aide de tous les enseignements les jeunes intelligences, les meubler autant que possible, mettre en
mouvement, exercer les facultés de raisonnement,
de jugement qui sont en elles, préparer de libres
esprits pour les devoirs civiques qui les attendent,
cette grande tâche peut s'accomplir sans paroles
agressives à l'égard de quelque doctrine ou de
quelque parti que ce soit. L'école n'est pas un lieu
de combat ou de polémique; c'est un laboratoire
où la vie intellectuelle et sociale de demain se prépare ; il lui faut une atmosphère de sérénité. Séré-
rité pour le maître, dont l'esprit se détache alors
de toutes les misérables contingences du dehors,
sérénité pour l'enfant qu'il faut maintenir à l'abri
de nos luttes actuelles afin de le mieux préparer à
prendre sa part dans celles de demain. Et devant
tous ces enfants, assis dans une égalité parfaite
sur les mêmes bancs, fils de riches ou fils de
pauvres, fils de catholiques, de protestants, d'israélites, de libres penseurs, l'instituteur laïque m'apparaît comme un véritable ouvrier de paix et d'harmonie.

Ne nous laissons pas égarer par l'exploitation voulue de quelques défaillances individuelles ; comment ne s'en produirait-il pas dans ce corps immense de l'enseignement primaire qui compte plus de cent mille membres ? Disons à ce personnel, si méritant dans son ensemble, qui renferme tant de dévouements obscurs et connaît parfois des difficultés si âpres, disons-lui que la République et la démocratie ont conscience de n'avoir pas vainement mis en lui leur confiance et leur espérance, que d'implacables adversaires le jalousent et le surveillent, empressés à saisir les moindres erreurs, les moindres fautes, à les exploiter et contre l'école et contre ceux qui la personnifient, et qu'ainsi tout à la fois l'intérêt de l'école et l'intérêt des maîtres commandent à tous une action attentive pour ne donner prise à aucune équivoque, à aucune critique ; faisons un nouvel appel à son inépuisable dévouement pour l'œuvre grande et nécessaire qui est sa raison d'être ; mais donnons-lui la sensation nette et précise que la majorité républicaine fera, elle aussi, tout son devoir, et que, devant des attaques imméritées, devant des violations concertées de la loi, devant un défi audacieux jeté à l'esprit laïque et à la souveraineté de l'État républicain, elle saura prendre les mesures nécessaires et défendre l'école, les maîtres qui y enseignent, et du même coup la liberté véritable et la République.

Pour toutes ces raisons, la commission de l'enseignement demande à la Chambre d'adopter le projet de loi dont la teneur suit :

PROJET DE LOI

Article unique.

Sur la plainte adressée par l'inspecteur primaire au juge de paix, et après un premier avertissement donné par l'inspecteur primaire, les peines prévues par les articles 479 et suivants du code pénal seront appliquées au père, au tuteur ou à la personne responsable d'un enfant inscrit à une école publique qui aura empêché cet enfant de recevoir les enseignements obligatoires prévus par la loi du 28 mars 1882 et par les décrets et arrêtés consécutifs ou de faire usage en classe de livres régulièrement inscrits sur la liste départementale.

Sera punie des mêmes peines toute personne qui, par excitations ou menaces à l'adresse des enfants ou des personnes responsables, aura provoqué à commettre l'infraction prévue au paragraphe précédent.

Si un discours prononcé ou un écrit affiché ou distribué publiquement dans le lieu où s'exerce le culte contient une provocation directe à l'infraction prévue ci-cessus, l'article 35 de la loi du 9 décembre 1905 sera applicable.

L'article 463 du code pénal pourra toujours être appliqué (¹).

II

LA RESPONSABILITÉ DES MEMBRES DE L'ENSEIGNEMENT PUBLIC (²)

Messieurs,

La question de la faute personnelle que peuvent commettre les membres de l'enseignement public dans l'exercice de leurs fonctions a été récemment soulevée et a donné lieu à des polémiques retentissantes.

Qui sera juge de cette faute personnelle, du caractère qu'elle revêt et des sanctions qu'elle com-

(¹) La discussion de ce projet de loi, mise à l'ordre du jour de la Chambre dans la séance du 2 mars 1911 par 373 voix contre 211, commença le 10 mars, occupa les deux séances de ce jour et la première séance du 11, et ne put être reprise avant la fin de la session, qui eut lieu le 8 avril, et fut, en fait, la fin de la législature.

(²) Rapport déposé sur le bureau de la Chambre des députés le 21 janvier 1909 au nom de la commission de l'enseignement, chargée d'examiner le projet de loi, présenté le 30 juin 1908, sur la responsabilité des membres de l'enseignement public pour fautes commises dans l'exercice de leurs fonctions, par MM. Briand, ministre de la justice, et Doumergue, ministre de l'instruction publique.

porte ? Est-ce l'autorité administrative, de qui relève les membres de l'enseignement public ? Ou les tribunaux seront-ils, en tout état de cause, appelés à statuer ?

Tout un parti qui, après avoir violemment protesté contre les lois scolaires, établissant l'obligation, la gratuité et la laïcité de l'enseignement, n'a jamais cessé de combattre l'école laïque, a entrepris, depuis quelque temps, une nouvelle campagne contre l'esprit et l'enseignement laïques, et procédant par voie détournée, sans s'attaquer en apparence à la nature de l'enseignement et aux programmes, a mis en cause les membres de l'enseignement public et a donné à tous ses adhérents la consigne d'appeler devant les tribunaux civils tous les maîtres, instituteurs et professeurs, dont l'enseignement leur paraîtrait s'écarter du principe de la neutralité.

Il n'y a pas à s'y tromper. Sous une forme nouvelle, c'est la lutte, dont tout le XIXe siècle a été rempli, qui recommence entre l'esprit clérical et l'esprit laïque, pour l'école confessionnelle contre l'école laïque, pour le triomphe politique de l'Eglise aspirant à reprendre son influence prédominante d'autrefois sur la direction des affaires publiques.

Mais autrefois la lutte était plus franche. On affirmait ouvertement la prétention, on disait même le droit de l'Eglise, à participer, conjointement avec l'Etat, à l'organisation de l'enseignement, à le surveiller, et à rappeler l'Etat, ses professeurs, ses intituteurs, tous ceux qui parlaient et enseignaient en son nom, au respect de l'orthodoxie, s'il semblaient s'en écarter. La loi Falloux a été le témoignage de la victoire de l'Eglise. Par les lois de 1881 et de 1882, l'Etat avait repris l'exercice de ses droits souverains, de sa liberté. Aujourd'hui, par des chemins tortueux, sans l'attaquer de front, le parti clérical revient à la charge et, grâce à des subtilités de juriste, essaye de prendre sa revanche.

« Si un membre de l'enseignement public, dit le manifeste que tous les évêques de France ont fait lire solennellement le 20 septembre dernier dans toutes les églises, manque à ses devoirs dans l'exercice de ses fonctions, pourquoi n'aurait-il pas à en répondre devant les tribunaux de droit commun ? Rien de plus naturel. De la sorte, la loi elle-même protégera, du moins en partie, cette neutralité scolaire qui paraissait, de prime abord, dépourvue de sanction efficace. »

Voilà les tribunaux civils juges de la neutralité scolaire, et nos évêques posés en défenseurs de la neutralité que leurs prédécesseurs ont anathématisée il y a vingt-cinq ans.

Toute la tactique du parti clérical est résumée dans ce passage, et le sophisme doit être dénoncé.

D'abord, qu'est-ce que la neutralité scolaire ?

Le mot est de langage courant. On l'emploie

beaucoup, surtout en ce moment, chez les adversaires de l'école laïque. Que signifie-t-il?

Remarquons qu'il ne se trouve dans aucun texte de loi. Il n'a été invoqué que pour caractériser le régime nouveau auquel la loi du 28 mars 1882 a soumis l'école publique. Rarement il a été défini.

Au cours des discussions auxquelles donna lieu la loi du 28 mars 1882, Jules Ferry l'employa plusieurs fois. Le 23 décembre 1880, répondant à la fois à M. Freppel et à M. Keller, il disait :

La neutralité religieuse de l'école, la sécularisation de l'école, si vous voulez prendre un mot familier à notre langue politique, c'est, à mes yeux et aux yeux du Gouvernement, la conséquence de la sécularisation du pouvoir civil, de toutes les institutions sociales...

... L'enseignement doit être neutre et non confessionnel...

... Qu'avez-vous fait l'année dernière et qu'ont fait les pouvoirs publics quand ils ont voté la loi sur le conseil supérieur et qu'ils ont supprimé le banc des évêques? A-t-on fait autre chose alors que de consacrer cette grande doctrine de la sécularisation de nos institutions, qui est la formule vivante de 1789? La conséquence et la conclusion de tous ces efforts, c'est que l'école publique doit être neutre au point de vue religieux. Mais, ici, nos adversaires nous posent et posent particulièrement au gouvernement cette question : « Quelle « neutralité? Qu'est-ce que la neutralité? » Il y a deux espèces de neutralité, ou, si vous voulez, deux manières de comprendre la neutralité dont il s'agit : la neutralité confessionnelle et la neutralité philosophique. Et c'est résolument que je dis : « Il ne s'agit ici, dans cette loi, que de neutralité confessionnelle. »

Et pourquoi n'avons-nous voulu, pourquoi ne voulons-nous écrire dans cette loi que le principe de la neutralité confessionnelle ? C'est parce que cette neutralité est une neutralité qui importe à la sécurité de l'État et à l'avenir des générations républicaines. Il nous importe, en effet, grandement, et il importe à la sécurité de l'avenir que la surintendance des écoles et la déclaration des doctrines qui s'y enseignent n'appartiennent pas aux prélats qui ont proclamé, comme l'éminent prélat que j'ai l'honneur de voir devant moi (M. Freppel) l'a fait à Nantes, devant le tombeau de Lamoricière, que les principes de 1789 sont la négation du péché originel.

Il importe à la République, à la société civile, il importe à tous ceux qui ont à cœur la tradition de 1789, que la direction des écoles, que l'inspection des écoles n'appartiennent pas à des ministres du culte qui ont, sur ces choses qui nous sont chères et sur lesquelles repose la société, des opinions séparées des nôtres par un si profond abîme. Cela, messieurs, c'est un intérêt général, et voilà pourquoi nous vous demandons de faire une loi qui établisse la neutralité confessionnelle des écoles.

La pensée de Jules Ferry et, peut-on dire, aussi celle des auteurs de la loi de 1882, a été d'enlever au clergé toute action sur l'école publique, de soustraire l'école à toute influence dogmatique, quelle que soit la confession religieuse dont ce dogme puisse être la loi.

Très nettement, il a revendiqué pour l'école le droit d'enseigner une morale indépendante des dogmes, repoussant, comme une sorte de négation de l'œuvre qu'il s'agissait d'accomplir, la neutralité philosophique.

C'est ce qu'ont oublié les évêques, ce qu'oublient avec eux tous ceux qui, dans la lutte contre les progrès de l'esprit laïque, n'invoquent soudainement la neutralité de l'école laïque que comme si la neutralité confessionnelle devait se doubler de la neutralité philosophique.

La tactique peut être habile ; elle a contre elle l'esprit évident de la loi de 1882, les formelles déclarations des auteurs de la loi et du plus éminent, du plus autorisé d'entre eux, Jules Ferry.

Légitimement, accomplissant sa mission nécessaire, le maître enseignera donc à l'école une morale indépendante de tous les dogmes ; il pourra, au cours des leçons d'histoire, juger les événements en leur appliquant les préceptes de la morale, condamner la Saint-Barthélemy au nom de la liberté de conscience, réprouver les coups d'Etat au nom de la fidélité aux serments prêtés et du respect que même et surtout les puissants doivent à toutes les lois ; il pourra, il devra dire à ses jeunes élèves que la loi, librement votée par les élus du pays, expression de la volonté nationale, symbole de la souveraineté et de l'indépendance, s'impose à tous les citoyens, qu'on peut la critiquer, en souhaiter la modification, mais qu'on ne saurait la méconnaître ni se rebeller contre elle et qu'il faut lui obéir.

Que si, sur certains points, son enseignement, celui de la science acquise, peut se trouver en opposition avec certains dogmes, il n'a pas à en prendre prétexte pour s'abstenir. Il enseigne la science, la vérité démontrée, et ne connaît que cela. Les religions, il n'en parle que comme des phénomènes historiques, des manifestations de l'activité humaine, de la pensée et du sentiment ; les luttes religieuses ont été sanglantes ; plus que les luttes pour le triomphe de telle ou telle souveraineté, de telle ou telle nationalité, plus que les luttes pour l'indépendance, elles ont été marquées souvent par un caractère de fanatisme et d'atrocité ; il pourra le dire pour marquer ensuite les progrès accomplis par l'humanité et mettre en pleine lumière la beauté de la tolérance, qui n'est autre que le respect de la sincérité, de la liberté et de la dignité humaine.

Cela, comment le fera-t-il ? Le caractère même de l'école le lui indique. Tous les enfants de la commune étant sollicités de se réunir, dans une parfaite égalité, sur les bancs de l'école, d'où il est souhaitable que naisse, grandisse et se fortifie entre eux un sentiment de fraternité, tout doit être évité de ce qui pourrait — je ne dis pas froisser la conscience des uns ou des autres, il s'agit précisément de former la conscience de l'enfant par l'éducation de son esprit — mais créer entre eux des divisions, des antagonismes, des animosités et, par delà les murs de l'école, fournir un nouvel aliment aux divisions qui peuvent exister entre les parents et présenter un caractère agressif contre quelques-uns d'entre eux, leur conscience et leurs sentiments.

De là, l'obligation pour le maître d'observer dans son langage une correction, une mesure, qui ne sont en somme que l'effet d'une tolérance éclairée et d'une bonne éducation. C'est affaire de tact et de probité d'esprit.

L'esprit laïque, esprit de liberté, est le contraire de l'esprit dogmatique, de l'esprit sectaire. C'est parce que, dans une démocratie, chaque citoyen est appelé, à de certains jours, en élisant ses représentants, à manifester son sentiment sur la direction à imprimer aux affaires publiques, qu'il s'agisse de la commune, du département ou de la nation tout entière, c'est parce que des qualités de raisonnement, de jugement, sont nécessaires à l'exercice du droit du citoyen, que l'école laïque, instrument de l'éducation du citoyen, a été instituée. Le but de l'école est donc, non pas seulement de donner à l'enfant les notions élémentaires de lecture, d'écriture, de calcul auxquelles on a si longtemps borné l'action de l'enseignement primaire, mais encore de lui apprendre à regarder, à voir, à comprendre, à raisonner, à juger, pour se faire ensuite, le plus librement possible, une opinion et remplir en conscience son rôle de citoyen.

Telle doit être l'œuvre de l'école.

Il faut donc entendre la neutralité scolaire dans le sens confessionnel, non dans le sens philosophique, c'est-à-dire que l'école publique, telle que l'a créée la loi du 28 mars 1882, telle que l'ont préparée les lois des années antérieures, doit être dégagée de toute influence confessionnelle, les maîtres échappant à toute action du clergé, les programmes étant étrangers à tous les cultes.

Dès lors, toute la campagne du parti clérical contre l'école laïque et son enseignement, dont la lettre des évêques est la dernière et solennelle manifestation, se caractérise très nettement. C'est un visible effort pour reprendre indirectement sur les maîtres et sur l'enseignement public l'influence que la loi du 28 mars 1882 avait précisément pour but de supprimer définitivement.

Mais le maître, en classe, au cours de son enseignement, commet un écart de langage, il manque à la neutralité, telle que nous l'avons caractérisée, ou plutôt à la règle qui en est la conséquence. Qui doit être juge de ce manquement ? L'instituteur encourra-t-il seulement une peine disciplinaire, où le père de famille qui croira avoir à se plaindre pourra-t-il traduire directement le maître devant les tribunaux de droit commun ?

On a invoqué, pour soutenir la compétence des

tribunaux ordinaires, la théorie de la faute personnelle, distincte de la faute professionnelle, de
la faute de fonction ou de service, la première entraînant la responsabilité directe de son auteur,
la seconde ne mettant en jeu que la responsabilité
civile de l'Etat.

Comment se distingue la faute personnelle de la
faute de service ? Comment reconnaître la faute
personnelle ? Il semble bien qu'aucune règle précise n'ait encore été formulée et que ce soit surtout une question de fait, une question d'espèce,
d'application.

« La distinction entre la faute personnelle et la
faute de service, dit M. Berthélemy, professeur à
la Faculté de droit de Paris, est malheureusement
assez confuse, et le critérium qui permet de reconnaître l'une de l'autre est peu précis.

« Sans doute, il y a faute personnelle toutes les
fois que l'acte reproché ne peut être confondu avec
l'accomplissement même irrégulier d'un acte de sa
fonction. — D'autre part, il n'est pas moins évident
qu'il ne suffit pas qu'un acte de la fonction ait été
accompli dans des conditions irrégulières pour que
cet acte constitue une faute personnelle.

« Mais il peut arriver que l'irrégularité commise
dans l'exercice de la fonction soit tellement grossière qu'elle donne le caractère de faute personnelle à ce qui n'a pu être dans l'esprit du fonctionnaire maladroit qu'une faute de service. »

Un autre professeur de droit, M. Duguit, croit

établir une distinction claire et certaine en disant qu'il y a faute personnelle lorsque le fonctionnaire, accomplissant un acte de sa fonction, a poursuivi un but autre que celui qu'avait en vue l'Etat en établissant la fonction. Mais il ajoute qu'« on ne s'entend point sur la manière d'apprécier la faute personnelle. Suivant, dit-il, une formule fréquemment employée par M. Hauriou, pour que le fonctionnaire soit responsable, pour qu'il y ait faute personnelle, il faut que le fait qui constitue la faute soit détachable de l'acte administratif. On a voulu aussi parfois distinguer la faute de fonction et la faute personnelle par le degré de gravité de la faute. A notre avis, le degré de faute peut influer sur l'étendue de la responsabilité, il n'aura aucune conséquence sur le principe même de cette responsabilité. Quand le fonctionnaire veut gérer son service, alors même qu'il le gère très mal, il n'y a pas à vrai dire de fait personnel ; il y a un fait fonctionnel qui constitue une faute sans doute, mais qui ne peut entraîner que la responsabilité de l'Etat. Le fait personnel apparaît lorsque le fonctionnaire a, à l'occasion d'un acte administratif, poursuivi un autre but que celui de la gestion de sa fonction ; sa faute peut alors être très légère, mais elle sera néanmoins toujours une faute personnelle, pouvant entraîner sa responsabilité. »

Nous n'avons pas ici à discuter ce point de doctrine juridique. Les deux citations qui précèdent suffisent à montrer tout ce qu'il y a de délicat dans cette distinction, et s'il est parfois difficile de se prononcer quand il s'agit d'actes accomplis, de gestes, combien la distinction sera-t-elle plus dépendante des appréciations individuelles, par suite capricieuse, lorsque la faute incriminée consistera en paroles ?

De quoi s'agit-il, en somme, dans la question qui nous occupe ? Quel intérêt primordial est en cause ? L'intérêt de l'école, qui se confond avec celui de l'État et l'intérêt du père de famille. La solution nette et précise qui les conciliera sera assurément la meilleure.

On a parlé du droit commun. Si la faute commise par le membre de l'enseignement public, dans l'exercice de sa fonction, constitue un acte déclaré punissable par la loi pénale, aucune difficulté. Incontestablement, la loi commune exerce tout son empire. C'est devant les tribunaux de droit commun que le maître coupable ou incriminé doit comparaître. C'est l'évidence même.

Mais il a employé une expression trop vive, énoncé une proposition dont s'émeut la susceptibilité de tel ou tel père de famille ; il a manqué de mesure, de tact, d'à-propos, et de façon très blâmable. Quasi-délit, s'écrient les évêques et tous les militants du parti clérical. C'est bientôt dit.

Tenu dans un lieu public, devant des enfants, par un citoyen quelconque, le même propos ne saurait exposer celui qui l'a tenu à la moindre action en réparation civile de la part du père de l'un des enfants. Il n'y a ni délit ni quasi-délit. Soit, dit-on, mais tenu par un maître, chargé d'enseigner?

Il faut distinguer.

Un père de famille confie son enfant à un maître de son choix, pour donner à l'enfant un enseignement déterminé. Ce maître, qui ne doit sa passagère fonction qu'au choix du père de famille, instruit l'enfant dans des principes opposés à ceux en vue desquels il a été choisi; il y a évidemment violation du contrat expressément ou tacitement conclu entre le maître et le père de famille. On s'explique que ce dernier, s'il estime que cette violation a une exceptionnelle gravité, saisisse les tribunaux civils. Sinon, à qui s'adresserait-il?

Mais le membre de l'enseignement public, le professeur de lycée ou de collège, l'instituteur, nommé par l'Etat, chargé par l'Etat d'enseigner en tel lieu et à tous les élèves, sans qu'il en puisse à son gré refuser un seul, qu'on lui présentera? Est-ce à lui que tel élève est confié? Non, assurément. L'élève est confié à l'école publique, au collège, au lycée, institué, dirigé par l'Etat, qui y a organisé et y assure l'enseignement. Si le père de famille croit avoir à se plaindre, n'est-ce pas à l'Etat, non au maître qui enseigne, qu'il doit s'adresser?

On a invoqué l'article 1382 du Code civil; n'est-ce pas plutôt l'article 1384, paragraphe 3, qui serait à appliquer, s'il y avait lieu à une réparation quelconque. « Les maîtres et commettants, dit ce paragraphe, sont responsables du dommage causé par leurs domestiques et préposés dans les fonctions auxquelles ils les ont employés. »

Qu'est-ce que les instituteurs, les professeurs, sinon les préposés de l'Etat dans des fonctions d'enseignement à l'école primaire, au collège ou au lycée ? A son gré, obéissant à des considérations dont il est seul juge, convenances personnelles, intérêt de l'établissement d'instruction, motifs d'ordre disciplinaire, l'Etat change instituteurs et professeurs ; le père de l'élève n'intervient en rien, et quand il regretterait le départ de tel maître, il est obligé d'accepter le nouveau. Entre le père de famille et l'instituteur ou le professeur, aucun lien de droit.

Comment est donné l'enseignement ? Qui détermine la méthode à suivre, les programmes à appliquer? C'est encore l'Etat, et il le fait dans un intérêt supérieur aux conceptions individuelles, dans un intérêt social.

L'enseignement serait-il l'objet d'un service public, s'il en était autrement ? Toute la raison d'être, toute la justification de l'Etat enseignant est dans l'intérêt public, supérieur aux intérêts particuliers

L'Etat ouvre des écoles, parce qu'il a intérêt à ce que l'instruction soit le plus possible répandue ; il en dresse les programmes pour répondre aux fins que lui-même se propose. Sans doute, certaines notions devront être enseignées quel que soit le régime de l'Etat et la constitution sociale du pays : l'arithmétique, la géométrie, la grammaire ; mais la morale variera dans son principe, selon que l'Etat sera théocratique ou démocratique et laïque ; et ce qu'on peut appeler la philosophie de l'histoire, encore qu'à l'école primaire elle doive être très élémentaire, différera assurément selon que le régime politique sera une monarchie absolue ou tempérée ou la République.

Dès lors, à certaines époques, lorsqu'un parti vaincu essaye de prendre une revanche et entreprend de protester contre le principe même du régime vainqueur, la tentation peut être grande de porter la protestation sur le terrain de l'enseignement. Comme au temps de la discussion des lois scolaires, le parti clérical invoque aujourd'hui les droits du père de famille. Ils consistaient alors dans la possibilité, pour le père, de ne donner aucune instruction à son enfant ; aujourd'hui, c'est le prétexte qui justifierait tout refus des leçons d'histoire et d'instruction morale et civique.

Or, l'Etat a imposé ce double enseignement, il l'a rendu obligatoire dans toutes les écoles, les écoles publiques et les écoles privées ; c'est en son nom qu'on le donne, c'est lui qui est responsable et de la nature de l'enseignement et du préposé à l'enseignement.

Cependant, le maître chargé d'enseigner a dépassé la mesure que l'Etat lui a imposée dans l'expression de son enseignement. Devant qui doit-il être responsable ? Devant l'Etat, de qui il tient sa fonction, assurément.

Que la théorie en ce moment émise par les adversaires de l'école laïque l'emporte, que les tribunaux de droit commun puissent statuer sur tel ou tel propos regrettable tenu par le maître dans sa classe — et qui encore une fois n'est pas réprimé par la loi pénale, qui ne constitue point par suite un délit de droit commun — quelles seront les conséquences pour l'Etat? C'est que son autorité sur l'école sera émoussée, son droit d'interpréter les programmes dressés par lui et leur application partagé, sinon contesté, et que les membres de l'enseignement public auront deux maîtres, l'autorité universitaire d'un côté, l'autorité judiciaire de l'autre, deux maîtres qui pourront ne guère s'entendre et dont l'un, le second, maître aux cent bouches, pourra bien n'être pas toujours d'accord avec lui-même. Qui les accordera, en cas de conflit? Personne. Ce sera l'anarchie.

Ce pourrait être aussi la fin de l'esprit laïque à l'école. Plutôt que de s'exposer à l'ennui d'un procès, à toutes les conséquences morales et matérielles que le souci d'une instance, surtout quand il faut paraître en défendeur, entraîne, le maître, à son grand regret, mais pliant devant la menace et voulant sauvegarder son repos, la tranquillité de sa famille, se résignera à ne plus donner qu'un enseignement sans âme, sans vie, dans lequel le plus habile adversaire ne saurait trouver rien à reprendre et pour la forme et pour le fond, et qui serait bientôt au-dessous de ce qu'était autrefois l'enseignement congréganiste.

C'est bien ce qu'espère le parti clérical. Le parti républicain, qui se doit à lui-même de défendre l'œuvre de 1881 et 1882, peut-il y consentir ?

Pour la répression des fautes qui pouvaient être commises par l'instituteur dans l'exercice de ses fonctions, il avait paru jusqu'à présent que la loi du 30 octobre 1886 suffisait, que précisément elle avait été inspirée, en certaines de ses parties, par le souci d'assurer, en même temps que l'accomplissement de la mission confiée aux membres de l'enseignement primaire, le maintien du caractère de l'école et de son adaptation aux fins en vue desquelles elle a été créée. Des conseils universitaires ont été institués, à la fois assemblées pédagogiques et tribunaux disciplinaires, appelés à prononcer parfois des peines très graves, telles que l'interdiction d'enseigner et la révocation.

Cela était logique, régulier. A ceux qui poursuivent la désorganisation de l'école laïque et de son enseignement, il a fallu autre chose. De là, le mot d'ordre qui prescrit comme tactique de saisir les tribunaux civils.

Ni l'école, telle que l'a instituée la loi de 1882, ni l'Etat républicain, dont le progrès est intimement lié au développement de l'esprit laïque, ne sauraient s'accommoder de cette tactique génératrice d'anarchie.

Pour les délits de droit commun qui peuvent être commis dans l'école, les tribunaux de droit commun ; pour tous les propos, qui, sans être délictueux, présentent cependant un caractèe regrettable ou blâmable, parce qu'ils sont en désaccord avec la mesure, le tact, la discrétion qu'impose la nature même de l'école, pour ces fautes qui ne constituent qu'un manquement au devoir pédagogique, dans ce qu'il consiste à faire ou à ne pas faire, l'autorité et les conseils universitaires.

Hors de là, il ne peut y avoir que confusion et anarchie.

C'est dans cet esprit que votre commission a examiné le projet de loi déposé le 30 juin dernier par le gouvernement et qui fait l'objet du présent rapport.

L'économie du projet consistait en ceci : une garantie accordée au père de famille qui croirait avoir à se plaindre et dont la plainte devrait désormais être toujours suivie d'effet, une garantie donnée à l'instituteur ou professeur par la substitution de la responsabilité civile de l'Etat à celle qui pèse aujourd'hui sur lui, sauf en cas de crime ou délit, bien entendu.

On a dit, dès le lendemain du dépôt du projet, que c'était là un privilège concédé aux membres de l'enseignement et que bientôt d'autres catégories de fonctionnaires, les postiers, les douaniers, puis peu à peu tous les fonctionnaires demanderaient à échapper aussi au juge de droit commun pour les fautes personnelles. Argument un peu hâtif. Que s'agit-il d'apprécier chez l'instituteur ? Un acte ? Pas du tout. Des paroles. Et dans quelles conditions ? D'après quel critérium ? Le tact, la

mesure que le maître doit apporter dans son enseignement, c'est-à-dire ce qu'il y a de plus délicat à
déterminer. La difficulté de la tâche est évidente,
et ne faut-il pas ici le discernement d'une compétence éclairée, c'est-à-dire l'autorité universitaire?
On répond que les tribunaux auront soin de ne
pas s'immiscer dans les matières d'ordre pédagogique, qu'ils s'abstiendront d'examiner les programmes et leur application. Sans doute. Mais où
est la limite à laquelle le juge de droit commun
reconnaîtra qu'il doit s'arrêter? Et pour ne s'en
tenir qu'à la neutralité scolaire, comment l'enten-
dra-t-il? Voilà un principe qui n'est nulle part dans
la loi; c'est le conseil supérieur de l'instruction
publique qui détermine le plan d'études d'après
lequel est donné l'enseignement; demain le plan
peut être modifié sans que la loi intervienne; par
suite, tel parti pourra crier à la violation de la
neutralité si son intérêt politique le lui conseille
et selon la conception qu'il aura de la neutralité;
et sur une pareille matière, ce n'est pas à la
compétence établie, c'est-à-dire à l'autorité universitaire, que serait réservé le soin de statuer?
Non, il n'y a aucune analogie entre la faute personnelle que peut commettre le membre de l'enseignement public dans l'exercice de sa fonction et la faute
personnelle des fonctionnaires d'autres catégories.
On a dit aussi que par la substitution de la responsabilité de l'Etat à celle de l'instituteur on pri-
vait le père de famille d'un droit nécessaire, qu'on

le désarmait alors qu'on favorisait l'instituteur et que c'était en somme un retour à l'article 75 de la constitution de l'an VIII. Un professeur de droit, dont l'avis peut avoir ici quelque autorité puisqu'il s'est déclaré hostile au projet de loi, mais pour des motifs d'ordre purement théorique, a reconnu, contrairement à ces critiques, que la combinaison du projet de loi « n'était point en soi inouïe, désavantageuse aux pères de famille. Il serait notamment injuste, dit M. Hauriou, de crier à l'article 75 de la constitution de l'an VIII. Ce serait doublement faux. D'abord, parce que cette législation subordonnait les poursuites contre les fonctionnaires à une autorisation préalable, qui ne se retrouve dans le projet actuel ni du côté de la partie disciplinaire, ni du côté de l'action en indemnité ; il convient même de remarquer que, dans la législation nouvelle, se trouverait écartée la complication du conflit qui se produit actuellement et qui n'est pas toujours agréable. Ensuite, avec la législation de l'an VIII, si le Conseil d'Etat n'accordait pas l'autorisation de poursuivre le fonctionnaire devant le tribunal de droit commun, le plaignant restait complètement désarmé, car il n'avait aucun accès aux juridictions disciplinaires ; l'inconvénient était le même avec la jurisprudence du tribunal des conflits depuis 1873, au cas où le conflit était validé. Au contraire, avec le projet du gouvernement, l'intéressé aura toujours le droit de mettre en mouvement la poursuite disciplinaire par une plainte. Il n'y a donc, ajoute M. Hauriou, pas de critiques graves à adresser au projet gouvernemental à raison de l'organisation du privilège de juridiction des instituteurs ; cette organisation est habile... »

Ce qui semble grave à M. Hauriou, « c'est le fait même d'introduire le privilège de juridiction, c'est de soustraire les fonctionnaires au juge de droit commun et à la responsabilité du droit commun ». Mais dans le cas de l'instituteur ou du professeur commettant une faute au cours de l'exercice de ses fonctions, la faute qui relève du droit commun, c'est la faute qui constitue un crime ou un délit ; celle-là n'est pas, ne saurait être soustraite au juge de droit commun. Quant à celle qui résulte d'un manquement au devoir pédagogique, c'est l'intérêt de l'Etat, c'est l'intérêt de l'école, c'est l'intérêt même de l'enfant et du père de famille que l'instituteur soit appelé à en répondre devant l'autorité appelée naturellement à apprécier sa conduite, l'autorité universitaire.

L'article 1er du projet stipule que, à la suite de toute plainte qui lui serait adressée, le recteur, s'il s'agit d'un membre de l'enseignement secondaire, l'inspecteur d'académie, il s'agit de l'enseignement primaire, fera procéder à une enquête dont il devra, dans un délai de deux mois, communiquer le résultat à l'auteur de la plainte et au fonctionnaire intéressé. Une garantie efficace est ainsi donnée au père de famille.

Bien entendu, si de ce droit qui leur est ainsi reconnu et que consacre la loi, des pères de famille, animés d'un parti pris systématique d'hostilité à l'égard d'un instituteur ou d'un professeur, abusaient, multipliant les plaintes sans raison, s'efforçant ainsi soit de créer autour du fonctionnaire visé une atmosphère de défiance ou d'anthipathie, soit, par les ennuis répétés qui résultent pour celui qui en est l'objet, fût-il complètement innocent, de toute plainte portée contre lui, de lui rendre la vie difficile et intenable dans la commune, l'article 373 du Code pénal, qui punit les dénonciations calomnieuses, pourrait être appliqué. Chacun doit supporter la responsabilité de ses actes, le fonctionnaire s'il a commis une faute, le dénonciateur s'il a, sans motifs, poursuivi un fonctionnaire de son animosité ou de sa haine. Et il n'est pas nécessaire que, en pareil cas, le fonctionnaire dénoncé calomnieusement actionne lui-même son dénonciateur ; le ministère public peut poursuivre d'office.

L'article 2 substitue la responsabilité civile de l'Etat à celle des membres de l'enseignement public pour les dommages résultant des faits accomplis par eux au préjudice des élèves pendant les heures de scolarité réglementaires et pendant le temps consacré aux œuvres complémentaires de l'école, lorsque ces œuvres sont dirigées ou surveillées par des membres de l'enseignement public. On sait tout l'intérêt qui s'attache à l'enseignement péri-scolaire ou post-scolaire et combien il importe à l'efficacité même de l'école laïque que, par des institutions aussi variées dans leur caractère et leur mode d'action que les temps et les lieux où elles sont créées, la tâche éducatrice du maître soit aidée, renforcée, prolongée : ce sont les cours d'adultes, les patronages, les associations d'anciens élèves, tout ce qui peut grouper les enfants et les adultes et, les maintenant dans une atmosphère morale et intellectuelle, leur permettre de développer si possible, à tout le moins de conserver et de mieux s'assimiler et mieux comprendre l'enseignement reçu à l'école. Il est naturel que les maîtres laïques ne restent pas indifférents au développement de ces œuvres, et la plupart d'entre eux leur donnent un concours très actif et très dévoué. On s'expliquerait mal que la protection de la loi ne s'étendît pas sur eux dans ces œuvres, comme dans l'école même.

L'instituteur ou professeur ne pourra être mis en cause par la partie qui se prétendra lésée que si le dommage résulte d'un fait qualifié crime ou délit par la loi pénale et commis par lui.

Cette stipulation était nécessaire pour éviter le renouvellement de ce qui s'est produit au sujet de l'application de la loi du 20 juillet 1899, qui a substitué la responsabilité civile de l'Etat à celle que l'article 1384 faisait peser sur les membres de l'enseignement public à raison du dommage causé par leurs élèves pendant le temps qu'ils étaient sous leur surveillance, à moins que les instituteurs ne fissent la preuve qu'il leur avait été impossible d'empêcher le fait qui donnait lieu à cette responsabilité. L'instituteur public ne devait désormais être mis en cause que s'il avait commis une faute personnelle. Telle était, du moins, l'intention du législateur. Or, il arriva, dans la pratique, que des instituteurs furent mis en cause en même temps que l'Etat, sans qu'il y eût faute personnelle de leur part. Le professeur de la Faculté de droit de Paris cité plus haut, M. Berthélemy, a fort bien expliqué, dans un mémoire adressé au ministre de l'instruction publique, comment il en devait être ainsi :

« Il semble à première vue, dit-il, que les victimes des dommages causés n'aient pas intérêt à agir directement contre l'instituteur, il est bien plus simple pour eux d'actionner l'Etat. Pour que leur action soit efficace, il suffit d'établir que le dommage a été causé par la faute d'un élève soumis à la surveillance du maître. Si l'on y regarde de près, on reconnaît, au contraire, qu'il serait souvent imprudent pour les victimes du dommage de s'en tenir à l'action en responsabilité contre l'Etat. Ne risque-t-on pas, en effet, de se voir opposer par l'Etat cette fin de non recevoir : l'instituteur au moment où l'accident s'est produit n'accomplissait par un service réglementaire, c'est lui seul qui est responsable. Le moyen d'échapper à ce risque est d'agir conjointement contre l'instituteur et contre l'Etat, et on ne manquera pas de le faire. »

La loi du 20 juillet 1899 n'avait donc pas atteint

son but. Et c'est pour cela même que des propositions de loi concluant à la responsabilité de l'Etat pour tous les dommages causés par les élèves de l'enseignement public, sans que, en aucun cas, l'instituteur pût être mis en cause par la partie lésée, avaient été déposées sous la précédente législature et ont été renouvelées au début de la législature actuelle.

Dorénavant, l'instituteur ne pourra être poursuivi, pour dommage causé dans l'exercice de ses fonctions et en vertu de l'article 1382, que s'il a commis un crime ou un délit. Aucune équivoque ne sera possible.

N'y avait-il pas lieu de limiter le délai pendant lequel une action pourrait être engagée contre l'Etat? Plus on s'éloigne du moment où les faits qui peuvent donner lieu à instance se sont passés, plus la vérité devient difficile à établir. Un délai d'un an a paru à la commission suffisant pour que la partie lésée pût exercer ses droits.

Convenait-il enfin, dans les cas où des condamnations pourraient être prononcées contre l'Etat, d'exonérer en toute circonstance le membre de l'enseignement public à la responsabilité duquel était substituée la responsabilité de l'Etat des conséquences pécuniaires de l'acte commis par lui? Dans l'exposé des motifs du projet de loi, le gouvernement s'exprime ainsi :

Il est bien entendu que cette substitution de l'Etat

aux membres de l'enseignement, qui répond uniquement à l'intérêt du service, ne saurait avoir pour objet de créer en faveur de cette catégorie de fonctionnaires un privilège exorbitant. En effet, comme tous les préposés des divers services publics, les membres de l'enseignement ne sauraient prétendre se soustraire aux conséquences morales ou pécuniaires de leur faute personnelle et lourde. Mais, en raison de la nature spéciale de leurs fonctions et pour les motifs exposés plus haut, c'est à l'Etat dont ils relèvent qu'il appartiendra de leur en demander compte en exerçant à leur égard, soit un recours en garantie à raison des condamnations mises à sa charge, soit une action disciplinaire.

Une disposition finale du projet stipule que l'Etat pourra toujours exercer un recours contre les membres de l'enseignement public auteurs des dommages, à l'effet de se faire indemniser par eux du montant des condamnations encourues, sans préjudice de l'action disciplinaire qu'il pourra exercer.

En conséquence, votre commission vous propose d'adopter le projet de loi dont voici le texte :

PROJET DE LOI

Article premier.

A la suite de toute plainte qui lui serait adressée par le père, le tuteur ou la personne responsable d'un enfant inscrit à une école, un collège ou un lycée, contre un membre de l'enseignement public, à raison de faits accomplis dans l'exercice de sa fonction, le recteur s'il s'agit d'un membre de l'enseignement secondaire, l'inspecteur d'académie s'il s'agit d'un membre de l'enseignement primaire, communiquera la plainte au fonctionnaire incriminé et fera procéder à une enquête sur les faits relevés à sa charge. Il devra dans le délai de deux mois, par réponse motivée, faire connaître à l'auteur de la plainte et au fonctionnaire qui en aura été l'objet les résultats de l'enquête effectuée et les aviser de la suite qui y aura été donnée.

Art. 2.

La responsabilité civile de l'Etat est substituée à celle des membres de l'enseignement public pour les dommages résultant de faits accomplis par eux au préjudice des élèves pendant les heures de scolarité réglementaires et pendant le temps consacré aux œuvres complémentaires de l'école, lorsque ces œuvres sont dirigées ou surveillées par des membres de l'enseignement public.

Le membre de l'enseignement public ne pourra être mis en cause par la partie lésée que si le dommage résulte d'un fait qualifié crime ou délit par la loi pénale et commis par eux.

Toute action en responsabilité de l'Etat doit être dirigée contre le préfet du département représentant l'Etat et portée, suivant le cas, devant le tribunal civil ou le juge de paix du lieu où le dommage aura été causé, dans le délai d'un an à compter du jour où le fait dommageable se sera produit.

Toutefois, l'Etat pourra toujours exercer un recours contre les membres de l'enseignement public, lorsque les condamnations seront devenues définitives, afin de se faire indemniser par eux du montant des condamnations prononcées, sans préjudice de l'action disciplinaire qu'il pourra exercer de ce chef à leur égard (¹).

III

LES ENTRAVES AU FONCTIONNEMENT DE L'ECOLE PUBLIQUE (²)

Messieurs,

Chargée, sur la demande de la commission du budget et par décision de la Chambre en date du 13 février 1911, de donner son avis sur la question

(¹) Ce projet de loi, inscrit à l'ordre du jour de la Chambre à la suite du projet précédent, ne put être discuté avant la fin de la législature.

(²) Avis présenté (2ᵉ séance du 31 mars 1911) au nom de la commission de l'enseignement.

de savoir s'il y a lieu d'incorporer dans la loi de finances un texte de loi relatif aux entraves apportées au fonctionnement normal et régulier de l'école publique, la commission de l'enseignement s'est prononcée, par 21 voix contre 9, pour l'incorporation ; puis, deux textes lui étant soumis, dont le premier, déposé sur le bureau de la Chambre par M. Ferdinand Buisson, maintenait les commissions scolaires telles que la loi les constitue actuellement, et dont le second, présenté par M. Bouffandeau et auquel s'est rallié M. Buisson, les remplaçait par des commissions cantonales, elle a, par 15 voix contre 9, écarté le premier de ces textes et finalement, après un examen prolongé, complété par quelques dispositions et définitivement adopté le second.

Pour quelles raisons la majorité de la commission de l'enseignement a-t-elle pensé qu'il convenait d'incorporer cet article dans la loi des finances ? La situation à laquelle il s'agit de mettre fin n'est pas nouvelle. Les déclarations solennelles des évêques de France condamnant l'enseignement donné dans les écoles publiques et interdisant l'usage de certains livres datent du 21 septembre 1908 et du 14 septembre 1909 et, longtemps avant que parût le premier de ces manifestes, divers évêques, par des mandements spéciaux à leurs diocèses, avaient prononcé contre l'école publique, contre l'enseignement que les enfants y reçoivent, contre les maîtres qui donnent cet ensei-

gnement, les mêmes et expressives condamnations.
Pour mettre un terme à cette campagne de désorganisation de l'école publique, de suspicion et d'in-
timidation à l'égard des maîtres, le gouvernement
avait, dès les 25 et 30 juin 1908, déposé deux projets de loi sur le bureau de la Chambre. Seul, le
premier de ces projets de loi put être mis en discussion à la fin de la législature dernière ; les évè-
nements interrompirent cette discussion qui ne
put être reprise, et la guerre à l'école publique, la
guerre à ses maîtres, continua comme par le passé

Il importe que le Parlement marque au plus tôt,
par des actes significatifs, sa volonté formelle de
ne plus permettre que puisse ainsi se poursuivre,
au gré des passions politiques ou religieuses de
ceux qui sont les instigateurs de cette campagne,
l'œuvre de désorganisation de l'école publique.

Quels moyens de répression la commission de
l'enseignement est-elle d'avis qu'il y a lieu d'adopter ? Ceux-là même qu'a prévus la loi du
28 mars 1882 sur l'obligation et la laïcité de l'enseignement primaire, mais en modifiant la composition de la commission scolaire de telle façon
que ce rouage essentiel de la loi, inerte jusqu'à
présent, puisse fonctionner.

On sait comment la loi du 30 octobre 1886 a
composé les commissions municipales scolaires :
le maire, président ; l'inspecteur primaire, membre
de droit, un délégué cantonal, désigné par l'inspecteur d'académie, et des membres du conseil

municipal, désignés par le conseil, en nombre égal, au plus, au tiers de ce conseil. Or, ces commissions n'existent pas ou presque pas, et là où elles existent sur le papier, elles ne fonctionnent pas. Si bien que le gouvernement avait cru devoir, le 24 janvier 1907, déposer un projet de loi qui avait pour but de transférer au juge de paix leurs attributions répressives.

Le texte de loi adopté par la commission de l'enseignement remplace ces commissions municipales par des commissions cantonales dont l'action, s'exerçant sur une plus grande étendue de territoire, et leurs membres étant plus indépendants, sera moins gênée par les causes qui ont paralysé les commissions municipales ; il semble bien que leur composition est de nature à donner les plus sérieuses garanties.

Dans les commissions scolaires municipales, on s'était plu à voir une sorte de tribunal familial qui ferait entendre, de la façon la plus persuasive, aux pères de famille oublieux, le langage à la fois du cœur, de la raison et de la loi. Réunis sous la présidence du juge de paix, l'inspecteur primaire de la circonscription, deux délégués cantonaux, deux instituteurs ou institutrices publics, deux pères ou mères d'enfants fréquentant l'école publique auront plus d'autorité pour rappeler à qui, père, tuteur ou personne responsable d'un enfant, n'aurait pas le souci de s'en souvenir, que c'est un devoir naturel et légal de faire instruire cet enfant et que, ayant envoyé cet enfant à l'école publique, le devoir n'est pas moins impérieux de ne pas l'empêcher de se comporter à l'école en écolier studieux et discipliné.

La loi du 28 mars 1882 précise la procédure à suivre devant les commissions scolaires municipales : d'abord comparution du père fautif à qui la commission scolaire rappelle le texte de la loi et explique son devoir ; en cas de récidive dans les douze mois, affichage, pendant quinze jours ou un mois, à la porte de la mairie, des nom, prénoms et qualité de la personne responsable, avec indication du fait relevé contre elle ; en cas de seconde récidive, plainte au juge de paix, l'infraction étant alors considérée comme une contravention et pouvant entraîner condamnation aux peines de simple police. Cette procédure sera suivie, sans y rien changer, devant les commissions scolaires cantonales.

Et par là, on le voit de suite, deux résultats sont atteints.

Les seules infractions prévues par la loi du 28 mars 1882 étaient le fait de non-fréquentation d'une école. Les commissions scolaires ne fonctionnant pas, aucune répression des infractions à l'obligation scolaire. Et chaque année, quelques milliers de jeunes gens arrivent encore au régiment qui ne savent ni lire ni écrire. Il y a là un mal individuel et un mal social. Tous les partis sont intéressés à ce que des mesures soient prises afin de le faire cesser le plus promptement possible.

De la même manière, avec la même autorité familiale qu'elle aura rappelé au père le devoir impérieux qui lui incombe de faire instruire son enfant, elle lui fera comprendre que, ayant fait inscrire cet enfant à l'école publique, il ne saurait l'empêcher d'y recevoir les enseignements déclarés obligatoires par la loi, de prendre part aux exercices réglementaires de l'école et de se servir du livre prescrit par le maître parmi ceux dont l'usage dans les écoles est autorisé. Pour que puisse se poursuivre fructueusement l'œuvre éducative de l'école, un accord sympathique et cordial des maîtres et des familles est souhaitable. C'est l'intérêt de l'enfant qu'il en soit ainsi, et quelle impression cet enfant ne recevrait-il pas si, au lieu d'exhortations au respect, à la déférence, à l'obéissance envers le maître, ce sont des conseils d'indiscipline que le père ou la mère lui donne? Mais encore et surtout, quel spectacle pour les autres enfants, ceux dont les parents ont confiance dans le maître, sont satisfaits de son enseignement et qui désirent ardemment que leurs enfants en recueillent tous les fruits?

Nos lois ont établi la liberté de l'enseignement. Entre l'école publique, l'école privée et l'enseignement dans la famille, le père a pleinement le droit de choisir; que s'il envoie son enfant à l'école publique, il a le devoir de ne pas entraver le fonctionnement de cette école.

L'infraction totale était prévue et punie par la législation de 1882. On n'avait pas prévu l'infraction partielle. Les faits nous ont démontré la nécessité de la réprimer comme la précédente.

En vain, pour la justifier, ceux qui ont imaginé de pousser les pères de famille à la commettre ont-ils invoqué les violations de la neutralité scolaire. Qu'est-ce que la neutralité scolaire? Les évêques, après l'avoir solennellement repoussée comme l'effet d'un dessein perfide, comme un principe faux et malfaisant, se sont repris à la réclamer, mais en interprétant le mot et la chose de telle façon que ce serait de la part du maître à l'école une abdication complète devant le prêtre parlant au nom de la foi et du dogme. Ce n'eut pas été la peine de faire les lois de 1882 et de 1886 si on devait en arriver là. On se plaît parfois à nous rappeler, comme si nous pouvions les avoir oubliées, les déclarations faites par Jules Ferry lorsqu'il soutenait devant les Chambres la loi d'obligation. Nous restons fidèles à sa pensée lorsqu'il disait, le 23 décembre 1880, répondant à M. Freppel :

Il importe à la République, à la société civile, il importe à tous ceux qui ont à cœur la tradition de 1789, que la direction des écoles, que l'inspection des écoles n'appartienne pas à des ministres du culte qui ont, sur ces choses qui nous sont chères et sur lesquelles repose la société, des opinions séparées des nôtres par un si profond abîme. C'est un intérêt général.

On conçoit que rapidement cette direction, cette inspection serait reconquise par une voie indirecte mais sûre, si l'Eglise pouvait librement, sans gêne, faire entendre ses interdictions dans l'école, commander et se faire obéir.

Jules Ferry disait aussi, le 31 mai 1883, au Sénat, dans une réponse au duc de Broglie :

Qu'est-ce que le gouvernement a promis ? Quelle neutralité ? Nous avons promis la neutralité religieuse, nous n'avons pas promis la neutralité philosophique, pas plus que la neutralité politique. Il n'y a eu d'engagement pris que sur ce point précis et déterminé : le gouvernement veillera à ce qu'il ne tombe des lèvres de l'instituteur, à ce qu'il ne se manifeste sous aucune forme dans son enseignement une attaque directe ou indirecte aux croyances de l'enfant, à la conscience de l'enfant, la plus vénérable de toutes les consciences.

Nous ne tenons pas un autre langage. Les écoles publiques sont ouvertes à tous les enfants, quelles que soient les croyances religieuses des parents, aux fils de catholiques, de protestants, d'israélites, de libres-penseurs ; tous ont un droit égal au même respect.

Et il faut rendre aux maîtres et aux maîtresses qui enseignent dans nos écoles publiques cet hommage mérité : le principe ainsi posé et nécessaire, tous ont à cœur de le respecter.

Mais l'un ou l'autre peut y manquer ? Tel livre mis entre les mains des enfants peut, en certains passages, ne pas être conforme à la neutralité ainsi comprise? Le père a des moyens de faire entendre l'inquiétude de sa conscience, il peut s'adresser aux autorités compétentes, inspecteur, recteur, préfet, porter sa plainte jusque devant le ministre, et, par deux arrêts récents, le Conseil d'Etat a consacré son droit; mais il ne peut pas plus se faire justice lui-même qu'aucun autre citoyen, et il ne saurait, sans porter préjudice aux enfants studieux et disciplinés qui fréquentent l'école, prescrire à son enfant de refuser de recevoir tel enseignement, d'apprendre telle leçon, de faire tel devoir, de se servir de tel livre dont le maître, usant de son droit, a prescrit l'usage. Admettre qu'un père de famille ait le droit de se comporter ainsi, ce serait admettre l'anarchie dans l'école.

Aussi, ni devant la commission scolaire, ni devant le juge de paix, l'excuse tirée d'une violation de la neutralité ne saurait-elle être présentée. En cela, d'ailleurs, nous n'innovons rien. Dès le lendemain de la mise en application de la loi d'obligation, en 1883, la question s'est posée devant le Conseil d'Etat et la Cour de cassation de savoir si un père de famille pouvait valablement invoquer comme excuse la mise en usage à l'école d'un livre qu'il estimait contraire à la neutralité. La Cour de cassation et le Conseil d'Etat, par des arrêts fortement motivés, se sont prononcés pour la négative. La loi du 30 octobre 1886 a confirmé cette jurisprudence; le dernier paragraphe de l'article 58 stipule que « la commission scolaire ne peut, dans aucun cas, s'immiscer dans l'appréciation des matières et des méthodes d'enseignement ». Ni la commission scolaire ni le juge de paix n'ont donc, en appréciant les infractions qui leur sont soumises, à se demander si l'enseignement donné à l'école, si la méthode suivie, si les livres mis en usage peuvent ou non donner lieu à critique ; tout cela leur échappe. Qu'il s'agisse de l'infraction totale ou de l'infraction partielle, ni la commission scolaire ni le juge de paix n'ont à en connaître.

Mais comment le juge de paix peut-il et doit-il statuer lorsque l'auteur de l'infraction est traduit devant lui ? « L'infraction sera considérée comme une contravention, dit l'article 14 de la loi du 28 mars 1882, et pourra entraîner condamnation aux peines de police. » Qu'est-ce à dire ? Il suffit de se reporter aux débats de 1882 et de rappeler les observations présentées au Sénat, lors de la discussion de l'article, par M. Tenaille-Saligny, sur le caractère juridique de la contravention, en l'espèce un véritable délit ramené, au point de vue de l'application de la peine, à la proportion d'une contravention et pour l'appréciation de laquelle le juge a le droit d'examiner toutes les circonstances de fait dont elle a été entourée.

Ici encore, nous n'innovons rien ; nous ne modifions ni le droit ni la jurisprudence.

Mais il n'y a pas que la responsabilité du père de famille à considérer dans le cas de l'entrave apportée au fonctionnement de ce service public qu'est l'école. Le père de famille, lorsqu'il prescrit à son fils de ne pas faire tel devoir, de ne pas apprendre telle leçon, de ne pas se servir de tel livre, rarement agit de sa propre initiative ; presque toujours, il ne se décide que sous une pression extérieure ; il cède à quelqu'un dont une passion politique ou religieuse dirige les actes, inspire les propos et les discours : évêque, curé, patron, propriétaire, de qui il craint de perdre la bienveillance dont il a ou croit avoir besoin, s'il n'obéit pas à sa suggestion impérieuse ; il est un instrument, souvent une victime.

Victime, le père dont la volonté n'est pas libre ; victime, l'enfant sur lequel il n'est pas admissible que puisse impunément s'exercer la pression d'un étranger à sa famille, sans autorité sur lui, sans responsabilité à son endroit.

Les exemples sont nombreux qui ont été relevés, depuis que cette campagne contre l'école publique est commencée, de ces faits de pression, soit sur le père, soit sur l'enfant.

Reprenant la formule par laquelle la loi du 9 décembre 1905 punit les entraves au libre exercice des cultes, les auteurs du texte de loi ont caractérisé l'infraction de la façon la plus précise possible et, restant dans l'ordre des peines édictées par la loi du 28 mars 1882, ils ont renvoyé devant le juge de paix les auteurs de ces infractions considérées comme contraventions.

Bien entendu, il ne s'agit pas ici de l'acte du ministre du culte qui, dans le lieu où s'exerce le culte, par discours prononcé ou écrit, affiché et distribué publiquement, aura provoqué à commettre l'infraction ; l'article 35 de la loi du 9 décembre 1905 lui est applicable ; la jurisprudence est à ce sujet fixée par deux arrêts formels de la Cour de cassation en date des 8 et 9 décembre 1910.

Pour toutes ces raisons, la commission de l'enseignement est d'avis qu'il y a lieu d'insérer dans la loi de finances l'article de loi dont la teneur suit :

LOI DE FINANCES

Article additionnel.

Des commissions scolaires cantonales, composées du juge de paix, président, de l'inspecteur primaire, membre de droit, de deux délégués cantonaux désignés par leurs collègues, deux instituteurs ou institutrices publics en exercice ou en retraite désignés par leurs collègues du canton, deux pères ou mères d'enfants fréquentant l'école publique désignés par l'inspecteur d'académie sur une liste dressée par les conseils municipaux à raison de deux par commune, plus le maire de la commune où auront été commises les infractions ci-dessous indiquées, mais ce dernier avec voix consultative seulement, remplaceront, en ce qui concerne les infractions aux lois sur l'obligation scolaire, les commissions scolaires municipales instituées par les lois des 28 mars 1882 et 30 octobre 1886.

Ces commissions et le juge de paix statueront, dans les conditions prévues par les lois précitées et en appliquant les sanctions édictées par ces lois, sur les infractions à la loi d'obligation scolaire et sur le fait, par le père, le tuteur ou la personne responsable d'un enfant inscrit à une école publique, d'empêcher cet enfant de participer aux exercices règlementaires de l'école ou de se servir de livres dont l'usage dans les écoles est régulièrement autorisé.

A Paris et à Lyon, il y aura une commission scolaire par arrondissement.

Ces commissions se réuniront sur la convocation de leur président, qui sera saisi des faits par l'inspecteur primaire. Le mandat de leurs membres autres que les membres de droit, fixé à trois années, durera jusqu'à la désignation des nouveaux membres ; il sera toujours renouvelable.

Les parents, tuteurs ou personnes responsables pourront se faire assister devant les commissions.

Devant le juge de paix, l'inspecteur primaire remplira les fonctions de ministère public.

Sera punie des peines prévues par les articles 479, 480, 482 et 483 du code pénal toute personne qui, en agissant directement, spécialement et intentionnellement, soit sur un enfant inscrit à une école publique, par dons, promesses, menaces, violences ou voies de fait, soit sur les parents, tuteurs ou personnes responsables de cet enfant, par les mêmes moyens ou en leur faisant craindre de perdre leur emploi ou d'exposer à un dommage leur personne, leur famille ou leur fortune, aura empêché cet enfant de participer aux exercices réglementaires de l'école ou de se servir de livres dont l'usage dans les écoles est régulièrement autorisé (¹).

(¹) Cet article de loi ne fut pas discuté ; une rédaction nouvelle ayant été présentée par la commission du budget, la commission de l'enseignement, d'accord avec le gouvernement, demanda que tous les textes lui fussent renvoyés (14 avril 1911).

AUX CONGRÈS
DE LA LIGUE DE L'ENSEIGNEMENT

I

L'ŒUVRE DE LA LIGUE DE L'ENSEIGNEMENT (¹)

. . . .
. . . .

Quand, en 1879, après treize ans d'une propagande incessante, dont les événements qui s'étaient succédé avaient démontré la nécessité, Jean Macé songea à réunir, à grouper en un faisceau puissant toutes les sociétés, nées de sa propagande, qui, sous des formes diverses et avec des titres variés, s'étaient donné pour tâche de travailler à l'éducation de la démocratie par le développement de l'esprit laïque, le premier congrès qu'il provoqua, premier essai suivi de tant d'autres, c'est à Besançon même qu'il le réunit ; c'est dans votre hôtel de

(¹) Discours prononcé à la séance d'ouverture du 27ᵉ congrès national, à Besançon, le 1ᵉʳ août 1907.

ville que se tinrent les séances, sous la présidence d'un homme dont vous n'avez, non plus que nous, perdu le souvenir, sous la présidence de Viette, député de Montbéliard, plus tard ministre de la République. (*Applaudissements.*)

Et le 31 janvier suivant, rappelant la réunion de ce congrès à l'assemblée générale du Cercle parisien de la Ligue, Jean Macé disait : « On ne pouvait mieux saluer l'aurore de liberté qui se levait. 52 sociétés étaient représentées à ce premier essai de concentration. » C'est par milliers que se comptent aujourd'hui les sociétés qui composent la Ligue de l'Enseignement.

Quel chemin parcouru !

Voulez-vous me permettre de jeter sur ce passé de près de trente ans un coup d'œil rapide ?

1881, c'est la constitution définitive, en fédération régulièrement organisée, de la Ligue, dans ce premier de nos congrès nationaux qui se tint au Grand Orient de France, à Paris, et dont Gambetta présida la séance de clôture au Trocadéro.

Le congrès se tient encore à Paris en 1882, et, sous la parole ardente, tout enflammée de patriotisme, de M. George, sénateur des Vosges, la Ligue, élargissant le cercle de son action, inscrit à son programme l'éducation civique et militaire de la jeunesse française. Dans une démocratie égalitaire, tout homme doit être soldat pour défendre son pays et tout soldat sera appelé, quand il aura quitté l'uniforme et déposé les armes, à l'exercice des droits et des devoirs du citoyen. C'est-à-dire que le citoyen n'est véritablement complet que si, l'âme haute et le cœur fort, il sait tout à la fois se servir de ses armes pour défendre son pays contre les dangers de l'extérieur et user du bulletin de vote pour lui assurer une bonne administration à l'intérieur et veiller à la sauvegarde de la liberté. (*Applaudissements.*) Ce principe nécessaire, la Ligue l'a proclamé avec un très grand retentissement.

Et successivement, de 1883 à 1889, elle tient ses assises solennelles à Reims, à Lille, à Rouen, à Alger, à Lyon, marquant ainsi autant d'étapes dans l'accomplissement de sa tâche ; en 1889, elle tient à Paris un congrès international et prend sa part dans la célébration du centenaire de 1789, à la préparation duquel elle a contribué par la plus active propagande.

Cinq ans plus tard, en 1894, le congrès se réunit à Nantes, et le programme prend une physionomie nouvelle en même temps que nos congrès se transforment. C'est le point de départ d'un nouveau tour de France, qui a été fertile en résultats excellents. Nos congrès ne seront plus seulement l'assemblée, forcément un peu restreinte et fermée, des délégués officiels des sociétés qui composent la fédération ; nous voulons respirer un air plus large, nous ouvrons toutes grandes les portes et les fenêtres. Aux congrès que chaque année nous allons tenir successivement sur tous les points du territoire, à Bordeaux en 1895, puis à Rouen, à

Reims, à Rennes, à Toulouse, à Caen, à Lyon, à Tunis, à Amiens, à Biarritz, à Angers, et enfin aujourd'hui à Besançon, nous invitons à venir prendre place tous les républicains de bonne volonté, qui aiment l'école laïque, qui ont foi en elle, qui croient en la vertu nécessaire de l'esprit laïque pour nous guider dans la route difficile que nous avons à parcourir, tous ceux qui luttent pour la tolérance, pour le progrès calme et continu, pour la liberté, et, sans autre souci que l'intérêt de cette grande cause, sont prêts à unir leurs efforts, avec dévouement, avec désintéressement, donnant à la cause que défend la Ligue tout leur cœur et tout leur esprit, n'attendant rien d'elle que sa propagande inlassable et continue dans l'intérêt supérieur de la démocratie et de la République. (*Vifs applaudissements.*)

Chacun de nos congrès sera comme un appel à l'éveil de toutes les énergies, de toutes les initiatives; nous groupons celles qui existent, nous tâchons de faire surgir celles qui sont encore latentes; c'est une démocratique et patriotique agitation dans les esprits et les consciences. Et qu'il est suggestif, le tableau, ainsi offert, de l'esprit laïque délibérant, dans chaque région, sur des intérêts vitaux, sous l'égide de la Ligue et avec le concours des plus dévoués de nos propagandistes dans la France entière ! Sans doute, parfois, dans la série de ces manifestations et sur des points de détail, quelques divergences peuvent se produire;

c'est au conseil général de la Ligue, émanation régulière et autorisée des 3.000 sociétés fédérées, à veiller à ce que l'harmonie de la marche générale n'en soit point troublée. Elle ne l'est pas, je me hâte de le dire, et un instrument de propagande aussi commode et aussi souple doit, demain comme hier, servir excellemment.

Tout de suite, en 1894, Jean Macé et celui qui devait, quelques mois plus tard, lui succéder à la présidence de la Ligue, ce grand esprit et ce grand cœur dont s'honore le parti républicain, M. Léon Bourgeois, le mirent à l'épreuve en appelant l'attention du pays sur la nécessité d'assurer un lendemain à l'école par l'organisation, à l'encontre, de la propagande congréganiste, de patronages démocratiques de la jeunesse dans un esprit fécond de solidarité sociale. Pendant quatre années successivement, à Nantes, à Bordeaux, à Rouen, à Reims, M. Léon Bourgeois met au service de cette propagande son merveilleux talent fait de charme profond et de générosité. Je relisais ces jours derniers les discours qu'il a prononcés sur une thèse qui lui tenait tant à cœur à chacun de nos congrès; ils seraient à redire tout entiers encore aujourd'hui. Nul n'a mieux combattu l'égoïsme méprisable dans lequel se complaisent tant de gens qui ne s'intéressent à aucune des grandes questions pour lesquelles leurs contemporains se passionnent; nul n'a mieux mis en pleine lumière les devoirs sociaux qui incombent à chacun de nous, dont l'accomplissement fait la dignité de l'individu. Connaître nos droits, cela est nécessaire et cela est bien ; connaître nos devoirs est d'une nécessité non moins impérieuse, et j'aurais quelque surprise si vous n'estimiez pas avec moi que la meilleure manière de conserver nos droits et de les garantir est encore de remplir nos devoirs. Il ne s'agit que de bien comprendre la morale de nos intérêts. (*Très bien ! Très bien !*)

Nous arrivons à 1898. La réaction, pendant les deux années qui viennent de s'écouler, a repris confiance ; le vent de folie qui, un instant, a passé sur le pays lui a fait croire que l'occasion propice se présentait pour elle. Les congrégations qui, lentement, en silence, ont remis la main sur la moitié des fils de la bourgeoisie française et, façonnant, par une éducation spéciale, leur conscience et leur esprit, ont rêvé de s'en faire un instrument de division du pays d'abord, puis de domination, révèlent, par leur part imprudente dans le déchaînement d'une grande tempête, le danger que leur existence fait courir à l'esprit laïque et à la République. Sans doute, les lois de 1882 et de 1886 ont renversé presque tout l'édifice de la loi Falloux ; l'enseignement primaire public a été libéré du joug de l'Eglise et son succès va croissant ; mais l'enseignement secondaire congréganiste a conservé tous ses privilèges : il les a vus même augmenter, puisqu'un article imprudent de la loi de 1886 l'a dégagé de toute surveillance des inspecteurs de l'Etat. Allons-nous laisser se creuser davantage le fossé qui sépare les deux moitiés de la jeunesse française ? La Ligue ne pouvait pas hésiter. Et quatre années de suite, à Rennes, à Toulouse, à Paris, à Caen, elle jette, d'une voix retentissante, le cri d'alarme contre ce qui reste encore de la loi Falloux. Je puis dire avec assurance que si une loi a interdit l'enseignement aux congrégations, une large part du succès revient à la Ligue de l'Enseignement, et nous avons bon espoir que le jour n'est pas éloigné où une loi nouvelle, rendant à l'Etat tous ses droits, qui sont très compatibles avec la liberté de l'enseignement, aura relégué définitivement dans le passé une des lois les plus néfastes que l'influence cléricale ait infligées à notre pays pendant le XIXe siècle. *(Applaudissements.)*

Enfin, l'année dernière, dégageant le principe même de toute cette propagande, reprenant sous une autre forme la pensée qui avait dicté les lois de 1882, la Ligue proclamait à Angers le droit de tous les enfants de ce pays à l'instruction. Non pas à cette égalité chimérique qui soumettrait tous les enfants à la même culture, comme s'ils étaient également doués ; l'égalité des enfants devant l'instruction ne signifie pas qu'ils doivent, aux mêmes conditions, fréquenter les mêmes écoles, les mêmes lycées, les mêmes facultés, recevoir le même enseignement, être préparés à l'accomplissement des mêmes tâches ; ce serait méconnaître par trop

étrangement la diversité de la nature et l'harmonie
délicate et nécessaire des choses dans la variété des
capacités intellectuelles et des tempéraments ;
nous avons voulu dire, et c'est l'évidence même de
la raison, que sans une violation flagrante de la
loi d'égalité civile et politique de notre démocratie,
sans un mépris certain de ce qui est l'intérêt même
de la collectivité sociale dans son développement
progressif et régulier, tout enfant qui naît et grandit sous la protection de nos lois a le droit de trouver autour de lui le moyen d'éducation qui convient à sa situation sociale, à sa nature d'esprit, et
qui doit lui permettre, s'il en a la volonté, d'arriver à l'utilisation la meilleure, pour le plus grand
bien de sa vie matérielle et morale, de toutes ses
facultés. Multiplions donc les écoles, varions-les
suivant les besoins des régions, diversifions-les
pour les mieux adapter aux tempéraments ! Certes,
dans le nombre infini des degrés qui composent l'échelle sociale, tous ne monteront pas du
même pas alerte et sûr ; que, du moins, ceux qui
resteront en bas, les humbles à qui la nature fut
moins clémente ou le sort moins propice, aient
reçu du corps social l'assistance que comportait le
caractère de leur individu, et que tous, ceux qui
qui sont en haut et ceux qui sont en bas, les audacieux et les timides, ceux qu'aucun vertige n'arrête
et ceux qu'effraient les sommets, et les forts et les
faibles, et les grands et les petits, chacun ayant pu
remplir sa tâche, l'esprit et le cœur nourris des

mêmes principes de fraternité et de solidarité sociales, puissent, en bons citoyens de la République, se reconnaître égaux dans une même affection et un même dévouement à la mère commune, la patrie ! (*Applaudiseements*).

C'est l'idéal qu'incessamment nous devons nous
efforcer d'atteindre. Aussi bien, toute la propagande
que, depuis quarante ans, mène en France la
Ligue de l'enseignement ne tend pas à un autre
but. Tout ce progrès matériel et moral, nous l'attendons de l'esprit laïque, fait de la plus pure essence de tolérance, de liberté, d'amour du juste et
du vrai.

Et tout à la fois nous témoignions de notre fidélité à cet idéal et de notre foi persistante en l'esprit
laïque, quand, le 30 juin dernier, nous rendions
hommage à la mémoire de celui que la postérité républicaine reconnaissante acclame unanimement
comme un grand homme d'Etat, un grand citoyen,
un grand Français, à Jules Ferry ! (*Applaudissements.*) Vous savez tout le succès qu'a eu la souscription ouverte par la Ligue pour élever un monument à l'auteur des lois scolaires et comment,
spectacle singulièrement touchant, deux millions
d'enfants ont inscrit leurs noms sur les feuilles
de souscription et versé chacun un sou pour
le monument. Bientôt, dans Paris, se dressera
l'image glorieuse de celui dont toute la vie fut
un long acte de dévouement à la République et
à la Patrie.

Jean Macé disait un jour : « Ferry a mené en haut la campagne que la Ligue de l'enseignement a menée en bas. » Nous avions le droit et le devoir de rendre à Jules Ferry cet hommage. Et, en saluant sa mémoire, c'est aux enseignements de toute sa vie que nous convions la démocratie française à se reporter.

Jules Ferry, Jean Macé, unissons ces deux noms dans notre pensée reconnaissante. Tous deux ont lutté aux temps lointains où la liberté n'était tout à la fois qu'un souvenir et une espérance ; tous deux ont traversé les maux effroyables qui se sont abattus sur la patrie et ont mesuré toute l'étendue des devoirs que ces malheurs nous imposaient ; tous deux ont eu la notion nette et précise de la nécessité de rendre à notre pays toute sa force matérielle et de lui donner une force morale nouvelle. Et nous sommes leurs disciples fidèles, nous continuons assurément leur œuvre, en conviant tous les républicains à diriger résolument notre propagande vers ce double but : le respect des lois, sans lequel il n'y a plus d'ordre social et partant plus de liberté, et le dévouement passionné à la République et à la Patrie. (*Applaudissements vifs et répétés.*)

II

LA PROPAGANDE DE LA LIGUE ET L'ÉCOLE LAÏQUE ; DROITS ET DEVOIRS SOCIAUX (¹)

. . . .
. . . .

Parmi les congressistes, je remercie particulièrement les instituteurs et les institutrices. Entre amis tels que nous, nulle flatterie n'est de mise. Aussi me bornerai-je à les féliciter, très sincèrement et très cordialement, de tout ce qu'ils ont fait et dit de sain, et de juste, et de bon, pendant les trois jours qui viennent de s'écouler. Ils nous ont donné une impression singulièrement réconfortante. La lutte n'est pas terminée qui s'est poursuivie si longtemps et si âprement autour de l'école : les vaincus de l'esprit congréganiste n'ont pas encore pris leur parti de la défaite ; soyez certains qu'ils n'attendent de notre part qu'une défaillance, où ils reconnaîtront le moment propice pour essayer de prendre leur revanche. Je serais étonné s'ils se sentaient quelque chance de succès

(¹) Discours prononcé à la séance de clôture du congrès de Besançon, le 4 août 1907, sous la présidence de M. Briand, ministre de l'instruction publique et des cultes.

dans ce pays comtois, où le corps enseignant fait preuve de tant de zèle, de dévouement, de maîtrise de soi, de mesure nécessaire et ordonnée, et où chacun de ses membres sent que le principe même de son autorité, de son prestige, est en lui-même, qu'il sera d'autant plus respecté qu'il se montrera plus respectable et que son autorité sera d'autant plus reconnue qu'il aura lui-même donné l'exemple de l'accomplissement de tous ses devoirs et du respect scrupuleux de toutes les lois.

Et maintenant, monsieur le ministre, laissez-moi vous dire combien nous sommes touchés de la parfaite bonne grâce avec laquelle, comme vous l'avez fait l'an dernier à Angers, vous êtes venu présider la séance de clôture de notre congrès. Nous vous en avons une double obligation : à vous d'abord, dont l'éloquence emporte notre admiration et dont nous savons toute la largeur de l'esprit, toute la générosité du cœur, et l'âme à la fois ferme et bienveillante comme il convient à celui qui a la charge de l'instruction et de l'éducation du pays ; au ministre ensuite qui, avec une autorité particulière, représente ici le gouvernement de la République et qui est, au milieu de nous, le symbole vivant de l'unité nationale. (*Applaudissements.*)

Ce que nous sommes, vous le savez, monsieur le ministre : un groupement d'hommes de bonne volonté, qui mettent au service d'une grande idée tout ce qu'ils ont d'expérience acquise, de foi profonde, d'activité et de dévouement. Que de questions, dans cette collaboration intime et prolongée des professionnels et des volontaires de l'éducation, nous avons agitées, que de problèmes nous avons étudiés !

Je rappelais, à la séance d'ouverture, qu'après avoir réclamé de toute son énergie la triple formule de l'obligation, de la gratuité et de la laïcité de l'enseignement, la Ligue, à peine les lois de 1882 étaient-elles votées, s'était préoccupée de l'éducation civique et militaire à donner à la jeunesse française ; puis que, douze ans après, l'école obligatoire et laïque étant définitivement fondée, elle avait proclamé la nécessité de lui assurer un lendemain en organisant le patronage démocratique de la jeunesse ; plus tard, le danger de l'enseignement secondaire congréganiste, qui, progressivement, en silence, s'était reconstitué depuis l'application des décrets de 1880, apparaissant en pleine lumière avec la division de la jeunesse française en deux groupes de mentalités opposées et hostiles, nous avons demandé que la doctrine de la laïcité fût appliquée à l'enseignement secondaire, et qu'on en finît une fois pour toutes avec ce qui restait de la loi Falloux. La loi qui a supprimé l'enseignement congréganiste nous a donné une première satisfaction ; nous vous remercions, monsieur le ministre, d'avoir ajouté vos efforts à ceux de vos prédécesseurs pour que la loi Falloux ne fût bientôt plus qu'un souvenir. (*Vifs applaudissements*) (¹).

Qu'est ce que toute cette propagande ? Quel esprit, quelle doctrine la dirigent ? Un esprit de secte ? Oh ! que non pas. C'est l'esprit même de la liberté.

Qu'attendons-nous de l'école laïque ? Qu'elle procure des adhérents à tel ou tel parti politique ? L'aberration serait singulière, et il faudrait méconnaître étrangement notre temps et l'évolution nécessaire des partis pour s'arrêter à une aussi étroite et mesquine conception. Voilà des enfants sur les bancs de l'école ? Est-ce que je sais quelle sera, dans dix ans, quand ils seront investis du droit de vote, dans vingt ans, quand la maturité de leur esprit commencera à porter ses fruits, la classification des partis. L'école laïque n'est pas au service d'un parti, elle est au service de la patrie, de la République et de la démocratie, et ce que nous lui demandons, c'est de préparer à la patrie des défenseurs à l'âme vaillante et forte et à la démocratie des citoyens dont la raison exercée sache voir, comprendre, apprécier les hommes et les choses, saisir l'intérêt général, le différencier des intérêts individuels et particuliers et user de leurs droits, remplir leurs devoirs pour le mieux de l'intérêt général du pays et de la République. (*Applaudissements.*)

(¹) Un projet de loi avait été déposé par le ministre de l'instruction publique, le 16 janvier 1907, relativement à l'enseignement secondaire privé.

Cette tâche, l'école laïque ne peut l'accomplir que si elle est fréquentée, et c'est pourquoi nous demandons avec vous, monsieur le ministre, que l'obligation inscrite dans les lois soit une réalité. Vous avez déposé un projet de loi sur le bureau de la Chambre. Il nous appartient, à nous, de faire un appel incessant à l'opinion et de susciter partout une contrainte qui, sans rien de matériel, a quelquefois plus de force que celle même des lois et qui toujours la complète excellemment, celle de l'esprit public et de la conscience des parents.

Mais bornons-nous notre effort à l'école seule ? C'est la noblesse de l'école laïque que toutes les choses qui l'intéressent débordent son cadre étroit, et que nous ne pouvons examiner, d'un esprit attentif, sa tâche éducatrice, sans nous apercevoir aussitôt que l'œuvre de l'école laïque, c'est, dans sa fondation et dans sa base, l'œuvre même d'éducation de la démocratie française tout entière.

Et c'est à la démocratie tout entière que la Ligue s'adresse. Jean Macé disait : « Ce que nous voulons enseigner avant tout, c'est la France. » Nous ne redisons pas autre chose. Oui, nous voudrions voir pénétrer de plus en plus profondément dans les esprits et dans les consciences le sentiment net et réfléchi des conditions même dans lesquelles doit nécessairement se placer une société démocratique, si elle veut vivre, prospérer, se développer dans tous les sens de l'activité morale et sociale, devenir pleinement maîtresse d'elle-même.

La liberté ne va pas sans une règle que, pour assurer sa propre sûreté, elle doit s'imposer à elle-même, et c'est la tâche des démocraties qui veulent fortement se prémunir contre les hasards de concilier, dans un accord parfait, la liberté, qui est le droit de chacun de nous, et l'autorité, qui doit garantir notre liberté. Les monarchies passées ont connu une autorité basée sur le privilège et qui n'employait sa force que pour perpétuer sa propre injustice et sa propre iniquité ; toutes les révoltes du sentiment public, de la conscience humaine et de la raison, faisant appel aussi à la force, s'expliquent ainsi et parfois se justifient ; dans une démocratie où la loi seule est souveraine, émanation de la volonté nationale librement exprimée, comment ne proclamerions-nous pas que le respect de la loi, de l'autorité mise au service de la loi, c'est l'affirmation même de notre droit, conscient et réfléchi, à la liberté ?

Droits et devoirs, c'est toute la vie du citoyen. Parfois on ne voit que les uns, on néglige les autres. Puis la conscience publique se réveille et s'aperçoit qu'à perdre de vue ceux-ci on risque de perdre définitivement ceux-là.

Faut-il, entre eux, établir une hiérarchie ?

La distinction serait vaine et bien vite s'évanouirait dans les événements compliqués dont est faite la vie sociale d'un grand peuple. Peut-être, cependant, et descendant au terre à terre de la vie quotidienne, pourrions-nous dire que l'accomplissement des devoirs s'impose d'abord à ceux d'entre les citoyens qui ont la charge et l'honneur de parler et d'agir au nom et dans l'intérêt de la nation.

Chaque citoyen, à quelque ordre d'activité qu'il s'adonne, conduit sa vie comme il l'entend, sous sa propre responsabilité ; celui qui a brigué et qui a reçu la mission d'être l'agent honoré, respecté, de l'intérêt public, dont la fonction est motivée par l'intérêt de la collectivité, État, département ou commerce, manque à sa raison d'être, oublie son caractère, ce qui fait sa dignité, si d'abord il ne remplit rigoureusement, et dans leur acception la plus large, tous ses devoirs. Il n'en sera que plus autorisé à invoquer ensuite, s'il y a lieu, le respect de ses droits.

C'est cet enseignement élevé que, dès le début de son action, la Ligue française de l'enseignement s'est proposé de répandre et de faire fructifier. A l'accomplissement de cette tâche nécessaire, le congrès de Besançon n'aura pas été indifférent. Par sa haute tenue morale, le sentiment qu'il a eu de la portée des questions qui lui étaient soumises, il a été, je puis le dire, un exemple excellent. Et véritablement, en voyant confondus sur ses bancs, dans un même effort de labeur et la même manifestation de dévouement au progrès moral, politique et social de notre pays, tant d'hommes de bonne volonté, tant de femmes qu'un admirable zèle inspire et conduit, je ne pouvais me défendre de croire à une vision de l'avenir, où l'esprit laïque ayant définitivement conquis tous les cerveaux et formé toutes les consciences, la démocratie tout entière, dans un même élan du cœur et de l'esprit, rendrait hommage à cette divinité des temps modernes, la souveraine beauté de la vérité triomphant par la raison. (*Vifs applaudissements.*)

III

UN VŒU POUR LA DÉFENSE DE L'ÉCOLE LAÏQUE (¹)

. . . .

Le congrès national de la Ligue de l'enseignement n'a tenu qu'une courte séance. Il ne lui était pas permis de ne pas se souvenir que le bureau de la Ligue avait, il y a quelques mois, ouvert, dans toutes ses sociétés, une enquête sur les attaques dirigées contre l'école laïque, et que vous-même, monsieur le ministre, soucieux de défendre l'œuvre

(¹) Discours prononcé à la séance de clôture du 2e congrès international d'éducation populaire et du 28e congrès national de la Ligue de l'enseignement, à la Sorbonne, le 4 octobre 1908, sous la présidence de M. Doumergue, ministre de l'instruction publique.

scolaire de la République, vous aviez, après une enquête conduite par votre ministère, déposé sur le bureau de la Chambre des députés deux projets de loi, destinés à assurer l'enseignement des matières déclarées obligatoires par la loi du 28 mars 1882 et à donner au personnel enseignant les garanties dont il a besoin.

Nous n'avions pas à entrer dans le détail de ces projets de loi ; mais comment n'aurions-nous pas applaudi à la pensée du gouvernement ? Et le congrès national, fidèle aux traditions et au programme de la Ligue de l'enseignement, a adopté le vœu suivant :

Le 28e congrès national de la Ligue française de l'enseignement :

Considérant que la campagne entreprise depuis quelque temps par le parti clérical contre l'école laïque et le personnel de l'enseignement primaire public procède du même esprit qui a inspiré l'opposition de ce parti aux lois sur l'obligation, la gratuité et la laïcité de l'enseignement ;

Qu'en invoquant la liberté du père de famille, c'est la vieille confusion entre les droits et les devoirs du père de famille qu'on veut faire renaître, comme si les droits du père n'avaient pas pour seule raison d'être les devoirs qui lui incombent et si ces devoirs n'avaient pas leur source dans les droits même de l'enfant qu'il appartient à la puissance sociale de faire respecter ;

Qu'en se réclamant de la neutralité scolaire, le parti clérical dénature étrangement la pensée du législateur de 1882 ; que d'une pensée de large tolérance et de respect pour toutes les convictions sincères, il voudrait faire naître l'occasion nouvelle d'une soumission absolue de l'école aux prescriptions de l'Eglise et d'une abdication pure et simple, devant le dogme, des droits de la vérité, de la science et de la raison ;

Que c'est, en réalité, la revanche qui se poursuit, après trente ans de distance, contre le vote des lois scolaires de 1881 et de 1882 ;

Approuve le gouvernement et le félicite d'avoir déposé sur le bureau de la Chambre les deux projets de loi relatifs à l'enseignement,

Et émet le vœu qu'ils soient, le plus tôt possible, discutés et adoptés par le Parlement.

Me permettrez-vous d'ajouter, monsieur le ministre, que vous, en présentant ces projets de loi, et nous, en formulant ainsi nos sentiments, nous sommes fidèles à la pensée du législateur de 1882 et en particulier de Jules Ferry ? On a beaucoup parlé de neutralité scolaire depuis quelque temps. Les mots sont parfois des abris commodes pour les pensées les plus contraires. Neutralité n'est pas abdication. Appelant tous les enfants à se réunir sur les bancs de l'école, dans une parfaite égalité, quelle que soit la condition sociale des parents, et sans souci des partis politiques, sociaux, religieux, auxquels ils puissent appartenir, pour recevoir le même enseignement, la République, par la voix des maîtres qu'elle charge d'enseigner, ne saurait évidemment prendre à l'égard d'aucun d'entre eux une attitude agressive ; les luttes politiques n'ont rien à faire dans l'école, et si le maître peut, à l'occasion, énumérer les religions entre lesquelles se partage l'humanité, il n'a à se prononcer ni pour ni contre l'une d'entre elles. Son rôle est plus élevé. A ces enfants qui lui sont confiés il doit fournir le bagage intellectuel et moral qui leur permettra de s'avancer ensuite dans la vie, d'y remplir tous leurs devoirs et d'y exercer leurs droits. En eux, il doit préparer le citoyen. Il le fait par l'enseignement de la vérité et il le fait dans la paix de sa conscience et la sérénité de sa raison, sans autre préoccupation que la vérité, ouvrier de paix et d'harmonie, laissant à d'autres, dont c'est trop souvent le lot, le dogmatisme oppresseur et les excommunications. Voilà, n'est-ce pas, l'école laïque de la République.

Vous et nous, monsieur le ministre, la défendrons contre ses adversaires. L'œuvre scolaire de la République est assez belle pour que nous puissions ressentir quelque fierté à le dire et, même devant nos hôtes étrangers, a le proclamer. (*Vifs applaudissements.*)

IV

L'ENSEIGNEMENT PROFESSIONNEL. — LA CAMPAGNE CONTRE L'ÉCOLE LAÏQUE : LES PÈRES DE FAMILLE, LES LIVRES SCOLAIRES (¹).

. . . .

. . . .

Il sera, dans ce congrès, beaucoup question d'enseignement professionnel et technique. Depuis longtemps déjà, c'est un sujet qui passionne la Ligue. A mesure que se poursuit notre évolution sociale et économique, par l'effet des mœurs, des lois, des transformations dans les moyens de produire, les vieilles méthodes d'éducation professionnelle disparaissent ; l'apprentissage, tel que nos pères l'ont connu, ne sera bientôt plus qu'un souvenir. Comment faire l'éducation des ouvriers, éducation économique, éducation sociale, et en même temps comment préparer à sa tâche toute cette immense armée du commerce et de l'industrie pour lui permettre tout à la fois de lutter avec

(¹) Discours prononcé à la séance d'ouverture du 30ᵉ congrès de la Ligue de l'enseignement, à Tourcoing, le 29 septembre 1910, sous la présidence de M. Doumergue ministre de l'instruction publique.

15

avantage contre nos rivaux dans le monde et de
poursuivre sa marche ascendante vers un avenir
meilleur ? Chaque époque doit avoir ses méthodes
appropriées à la nature des choses, aux besoins.
Nous vivons en un temps où tout s'universalise,
le droit au suffrage politique et le droit à l'instruction, le devoir de prendre part aux luttes politiques, dans toute l'ardeur et la sincérité des consciences, pour le bien de la petite patrie où s'écoule
notre vie de chaque jour comme pour le salut de
la grande patrie qui exige tous nos dévouements,
et le devoir de s'instruire, afin d'être plus fort mo-
ralement, intellectuellement, afin de produire
mieux et davantage, chacun dans son ordre d'activité, afin d'être meilleur. Nous avons l'instruction
obligatoire ; c'est bien, encore que des efforts soient
nécessaires pour que cette obligation devienne partout une réalité ; mais l'œuvre de l'école primaire
ne saurait être qu'une préparation à l'œuvre de labeur nécessaire par laquelle chaque citoyen se procure les moyens indispensables d'existence, et ce
labeur il le poursuivra d'autant mieux qu'après
des notions générales, il aura reçu une instruction plus précise sur toutes les matières touchant
à la profession à laquelle il se destine, une instruction technique. Cela est nécessaire pour l'ouvrier,
pour l'employé de commerce et d'industrie ; cela
n'est pas moins indispensable à l'agriculteur.
L'étranger, dont nous pouvons étudier les expé-
riences avec profit, nous a devancé dans cette

voie. La question devient ainsi une question nationale. Il y va des intérêts primordiaux de notre
pays, de sa prospérité industrielle et commerciale,
de son expansion dans le monde.

Sur le principe, tout le monde est d'accord. L'application rencontre des difficultés. Elles sont surtout d'ordre administratif. Vous avez, monsieur le
ministre, avant de diriger les services de l'instruction publique, été ministre du commerce. Votre
double expérience vous met ainsi à même de mieux
apprécier la nécessité des solutions conciliantes
qui, réunissant de part et d'autre les bonnes volontés, les feront converger vers le but à atteindre.

Mais peut-on, dans un congrès de la Ligue, examiner ces questions sans aborder dans son ensemble la question générale d'éducation, sans
se préoccuper du fonctionnement de l'école elle-
même, de la nécessité de sa fréquentation, de son
adaptation aux besoins variés des régions et des
lendemains à lui donner ? MM. Dron et Leblanc,
qui avaient accepté la tâche de rédiger pour le congrès le rapport explicatif et de préparer un texte
de vœux, n'y ont pas manqué, et il convient de les
féliciter et de les remercier de l'avoir fait avec
une compétence parfaite et une très grande clarté.

Notre rôle n'est pas, ai-je besoin de le dire, de
pénétrer dans les détails d'application. Nous ne
pouvons que nous en tenir aux grandes lignes ;
mais ne ferions-nous entendre, en quelque sorte,
que le coup de clairon vigoureux par lequel l'atten-

tion publique est une fois de plus sollicitée de s'arrêter sur l'un des problèmes les plus pressants de l'heure présente, vous estimerez avec nous, monsieur le ministre, que nous aurons servi la cause publique.

Mais comment envisager un tel problème sans nous préoccuper aussi du sort fait à l'école laïque ? Contre elle les attaques des partis hostiles n'ont pas cessé. L'effort tenté par l'Eglise pour remettre la main sur l'école et, indirectement sans doute, mais sûrement, en diriger dans les voies qui lui sont propres l'enseignement, se poursuit. En cette matière comme en d'autres, nos adversaires ne conçoivent l'apaisement que comme une capitulation de notre part devant l'intransigeance de leurs prétentions. A notre conception de l'école libérale et émancipatrice, calme et sereine au milieu des luttes dont est faite la vie publique d'un grand pays, accueillante à tous, respectueuse des consciences de tous, appliquée à former précisément la conscience de l'enfant, à ouvrir son esprit, à développer sa raison, à le préparer à vivre, dans l'usage de ses droits et la pratique de ses devoirs, sa vie d'homme libre et de citoyen, à cette école laïque lumineuse, tolérante et fraternelle, ils opposent la conspiration de toutes les forces du passé pour briser cet effort et courber l'enseignement de l'école sous le joug du dogme et de celui qui le promulgue et l'interprète. Déjà, monsieur le ministre, vous vous êtes dressé contre de telles prétentions ; vous avez acquis ainsi des titres certains à la gratitude de la démocratie. Nous sommes assurés que, demain comme hier, vous défendrez résolument et l'école et ses maîtres.

En vain les ennemis de l'école laïque prétendent-ils s'abriter derrière les pères de famille. Nous connaissons la tactique pour l'avoir vu employer déjà il y a trente ans, lors du vote des lois scolaires. Le droit du père de famille, nos adversaires l'invoquent lorsqu'ils croient pouvoir s'en faire une arme contre nous. Les évêques, par les semaines religieuses et les journaux du parti, ne l'avouent-ils pas, lorsqu'ils n'admettent comme associations de pères de famille que celles dont la direction sera remise au prêtre, au curé de la paroisse ? Les associations de pères de famille animés d'esprit laïque, c'est autre chose : proscrites, comme une œuvre de damnation. Encore, dans les premières, celles qui ont reçu l'onction sainte, n'est-il pas nécessaire pour y entrer, pour les diriger, d'être père de la moindre famille. Que de célibataires nous connaissons qui les président, les dirigent, manifestant ainsi qu'entre leurs mains, et pour leur parti, ce n'est là qu'un instrument politique !

L'aventure du principal promoteur de ces associations, tant applaudi à ses débuts, lâché, condamné aujourd'hui parce que insuffisamment docile, est à elle seule tout un enseignement.

Certes, il est bon, il est utile que les pères de famille s'intéressent à l'éducation de leurs enfants.

Cette collaboration de la famille et de l'école, nous l'appelons de tous nos vœux. Combien féconde ne pourrait-elle pas être en résultats ? Nos maîtres seraient les premiers à s'en féliciter et à y applaudir. Trop souvent, au contraire, les parents se désintéressent de l'éducation de leurs enfants et ne sortent de cette espèce d'indifférence que pour donner, par une exagération de l'affection paternelle, raison à l'enfant indiscipliné contre le maître dont la sévérité indulgente est bien obligée parfois de s'exercer. Oui, faisons appel aux pères et aux mères de famille, rappelons-leur les devoirs qui leur incombent et dont ils ne sauraient mieux s'acquitter qu'en apportant aux maîtres et aux maîtresses chargés de l'éducation de l'enfance un concours, une collaboration qui sera une joie pour tous. Chaque enfant a son tempérament, son caractère, une manière d'être qui dicte en quelque sorte la méthode éducative à suivre à son endroit. Qui, mieux que le père ou la mère de famille, peut renseigner le maître à ce sujet ? Mais vouloir, comme le prétend le parti clérical, transformer en arbitre des méthodes pédagogiques une association de parents incompétents, ce serait ou introduire l'anarchie dans l'école ou domestiquer l'enseignement par la soumission étroite, absolue, de l'association à une volonté étrangère. La République n'a pas créé l'école laïque, au milieu de quelles difficultés ! elle n'a pas, en ces derniers temps surtout, pris conscience des dangers qui la menacent, pour ne pas la défendre énergiquement. La défense laïque n'est pas encore chose surannée. Nous comptions sur vous, monsieur le ministre, comme vous pouvez compter sur nous.

Si nous ne perdons aucune occasion de rappeler aux instituteurs et aux institutrices les devoirs qui leur incombent, nous ne devons en perdre aucune aussi de maintenir leurs droits. Avant tout, l'école laïque doit enseigner l'amour de la patrie, le dévouement envers elle, le zèle à la servir ; elle doit enseigner la tolérance pour préparer ceux qui composeront la France de demain à la pratique de la liberté ; mais la tolérance, le mot sonne mal à certaines oreilles. Et à propos des livres scolaires, n'avons-nous pas vu incriminer certains des livres d'histoire mis entre les mains des enfants, celui-ci parce qu'il n'était pas assez dévot envers Clovis, celui-là parce qu'il trouvait Charlemagne tout de même un peu barbare, cet autre parce qu'il disait Louis XIV orgueilleux ? La loi, judicieuse et libérale, reconnaît aux maîtres le droit de choisir, sur la liste départementale, les livres qui seront les auxiliaires de leur enseignement ; une pression violente, audacieuse, est tentée sur eux pour les empêcher de s'arrêter à certains livres ; le Parlement et le gouvernement doivent être d'accord pour donner à tous la sensation très nette que les maîtres peuvent en toute liberté exercer leur droit et que contre toutes les menaces et les violences on les défendra.

Cette question des livres scolaires, celle de la fréquentation, celle du contrôle de l'enseignement privé, ont fait l'objet de projets de loi déposés par le gouvernement au cours de la dernière législature; les circonstances n'ont pas permis à la Chambre, avant sa séparation, de les discuter. Mais les raisons qui avaient dicté votre initiative, monsieur le ministre, existent encore tout entières, aussi impérieuses, et le débat qui n'a pu se produire jusqu'à ce jour, nous avons l'assurance, monsieur le ministre, que le gouvernement, comme nous, l'estime nécessaire et que ses efforts se joindront aux nôtres pour que la discussion, résolument entreprise, soit cette fois menée à bonne fin.

En cela, il faut le dire et le répéter bien haut, nous ferons œuvre de justice et de liberté. L'esprit laïque n'est autre que l'esprit de tolérance et de liberté! En défendant l'école laïque contre ses adversaires, c'est de l'esprit de tolérance et de liberté que nous nous inspirerons. L'école laïque doit devenir de plus en plus un foyer rayonnant de lumière, de paix et d'harmonie. Telle l'ont conçue, telle l'ont voulue ses fondateurs. Nous sommes fidèles à leur pensée. Nous ne laisserons pas obscurcir cette lumière, et quoi que fassent ceux qui n'ont pu prendre leur parti de la voir naître et grandir, nous vaincrons. L'esprit de la France, fait de bon sens et de clarté, de droite et saine raison, est avec nous.

V

L'ÉCOLE LAÏQUE EST-ELLE EN PÉRIL ? SECTARISME ET ANTIPATRIOTISME DE LA LIGUE DE L'ENSEIGNEMENT (¹).

Monsieur le ministre,

Vous venez d'entendre l'exposé des travaux du congrès et, à vous comme à nous, il a immédiatement apparu que tout cet effort avait été raisonné et dominé par une pensée qui devait rendre plus imposante la manifestation à laquelle nous voulions nous livrer.

Tout de suite, au-dessus de toutes les questions à l'ordre du jour, s'est posée à l'esprit des congressistes la question que vous avez vous-même posée, il y a longtemps déjà, devant le Parlement : l'école laïque est-elle en péril ? Y a-t-il lieu de la défendre ?

L'école laïque est-elle en péril ? Sans doute, si nous avions à nous demander si l'école laïque peut disparaître demain dans une tourmente politique, nous pourrions être rassurés. La République a

(¹) Discours prononcé à la séance de clôture du 31ᵉ congrès de la Ligue de l'enseignement, le 29 octobre 1911, à Bordeaux, sous la présidence de M. Steeg, ministre de l'instruction publique.

donné à cet édifice d'éducation des fondations assez profondes et assez larges pour que nous puissions affirmer que l'école laïque d'hier subsistera demain. (*Très bien ! très bien !*)

Mais, parce que cette forteresse a été assez solidement édifiée pour qu'elle puisse, pendant longtemps, éprouver les efforts de l'adversaire, est-ce à dire que la paix règne autour d'elle ? L'école se développe-t-elle dans l'atmosphère de sereine raison et d'harmonie pacifique qui est nécessaire à son existence ? Messieurs, il serait un peu audacieux de le prétendre ; il faudrait ne rien savoir de la vie de l'école ; il faudrait méconnaître ce que les maîtres chargés d'enseigner dans les plus humbles hameaux peuvent vous dire.

Sans doute, à la suite des retentissantes déclarations qui ont été comme le cri de guerre solennellement lancé par un parti à l'école laïque et à l'esprit laïque, un calme relatif s'est fait, qui s'est étendu à l'ensemble du territoire de la République. Certains esprits, qui se contentent d'une vue superficielle des choses, ont pu croire que tout péril était passé, que toute menace d'une attaque nouvelle était dissipée et que, dès lors, nous pouvions nous livrer à notre tâche quotidienne, dans le recueillement d'une conscience tranquille, sans avoir à craindre qu'aucun trouble désormais soit apporté au fonctionnement de l'école.

Un grand journal parisien, qui, jusqu'à présent, toutes les fois qu'il a eu à s'occuper de cette question, n'a pas montré qu'il était ému aussi vivement que nous des attaques dirigées contre l'école laïque, a été, il y a quelques jours, tellement pressé par l'évidence des faits, par la cruelle réalité, qu'il s'est senti obligé de donner à ses lecteurs des statistiques qui, pour une région de la France, sont singulièrement alarmantes.

Oui, dans l'ensemble du pays, une sorte de silence s'est établi; mais une action sourde, persévérante et continue, comme l'action de ces lames de fond qui sont si dangereuses en mer, aux approches des côtes, s'est poursuivie. (*Applaudissements.*) Si nous allions faire un petit voyage dans ces régions de l'ouest de la France où un ardent effort de propagande républicaine et d'émancipation des esprits a été accompli, mais où l'on rencontre aussi la résistance la plus nette, la plus énergique, la plus résolue, nous serions bien obligés de constater que, non seulement l'école laïque n'a pas fait les progrès qu'elle devait faire, mais que son développement a subi au contraire un recul très regrettable et profondément triste. (*Mouvement.*)

Pourquoi ce recul? C'est que les instructions qui ont été données par ceux qui ont la mission de parler au nom de cette hiérarchie politique puissante que l'État républicain a toujours trouvée et qu'il trouvera naturellement et nécessairement toujours devant lui, n'ont pas besoin d'être répétées chaque jour à grand fracas pour être suivies. Dans chaque commune, en face de l'instituteur public, des hommes se sont trouvés pour faire à l'école cette guerre perfide contre laquelle il est nécessaire que nous défendions à la fois l'école et l'instituteur. L'Eglise a des moyens particuliers pour battre en brèche l'école laïque et pour empêcher la fréquentation scolaire ; elle y a eu recours.

Le grand journal dont j'ai parlé, bien connu pour la modération parfois batailleuse de sa politique (*Sourires*), a dû citer des faits de pression ; c'est ainsi que tel grand propriétaire de Vendée disait à l'un de ses fermiers dont les enfants avaient atteint l'âge scolaire : vous enverrez vos enfants à l'école libre ou bien vous quitterez ma ferme.

Les exemples que l'on pourrait citer sont nombreux. Je me souviens d'une époque où, sur les confins de la Bretagne, on boycottait impitoyablement les instituteurs. Je connais un instituteur de la Loire-Inférieure qui exerce encore et qui, jeune alors, fut envoyé dans une commune dont on venait de laïciser l'école. A son arrivée, il vit se fermer impitoyablement devant lui les portes de tous les fournisseurs. De bons citoyens de la ville de Nantes durent s'imposer la tâche de se faire les pourvoyeurs quotidiens de ses moyens d'existence.

Messieurs, toutes les fois qu'il nous arrive de citer de pareils faits, nous voyons se dresser, dans les assemblées, au Parlement, des hommes qui se frappent la poitrine et déclarent qu'ils réprouvent ces actes. Mais ne pensez-vous pas que ces mêmes hommes, qui protestent ainsi dans l'intérêt de leur parti, ne feraient pas mieux encore d'aller dans les régions où s'exerce leur influence personnelle, pour faire entendre auprès de ceux qui se livrent à de telles menaces la parole de réprobation énergique que la conscience publique attend et pour apporter à ceux qui sont victimes de tels actes des paroles de réconfort, qui auraient d'autant plus d'autorité qu'elle émaneraient d'hommes qui n'ont pas passé, jusqu'à présent, pour les défenseurs nés de l'école laïque. (*Applaudissements.*)

La guerre faite à l'école laïque n'a pas cessé ; les enseignements donnés par les évêques n'ont pas été oubliés, et ceux-là qui les propagent s'exercent encore à dénoncer notre sectarisme.

Le sectarisme de ceux qui défendent l'école laïque est un vieux thème sur lequel vous êtes édifiés. Sectaires, nous le sommes à peu près comme l'étaient ceux qui ont fondé l'école laïque. Vous avez souvenir de cette lutte âpre, violente, haineuse, à laquelle a été en butte, pendant toute son existence, celui à qui la reconnaissance publique ne dira pas assez ce que la République lui doit, je veux parler du fondateur de l'école laïque, de Jules Ferry. (*Applaudissements.*) Lui a-t-on assez dit qu'il était un sectaire ! A-t-on suffisamment essayé d'exciter l'indignation des populations contre ce ministre réformateur et républicain ! Sectaire ! ce ministre dont aujourd'hui on invoque les discours et les circulaires pour confondre notre propre sectarisme à nous-mêmes ! (*Nouveaux applaudissements.*)

16

Nous n'avons pas peur des mots, et si nous sommes condamnés à nous entendre dire que nous sommes des sectaires, nous consentons à ce qu'on le dise comme on l'a dit de Jules Ferry, car nous sommes aussi sectaires et aussi profondément libéraux qu'il l'était. C'est un devoir pour nous de faire pénétrer jusque dans les plus humbles cerveaux cette idée que l'école laïque, l'école sectaire, l'école sans Dieu, est avant tout une école d'harmonie sociale et qu'elle ne progressera que par l'observation de ce principe : l'absolu respect de la conscience des uns et des autres. (*Vifs applaudissements.*)

Oui, il faut défendre l'école laïque ; le congrès l'a dit de la manière la plus formelle. Il faut défendre l'école, parce que, si nous ne commençons pas par opposer à ceux qui sont les adversaires nés de l'esprit laïque la plus vive résistance, je me demande comment nous pourrons ensuite nous atteler à cette œuvre qui appelle incessamment notre attention et nos efforts : faire en sorte que la loi de 1882, qui établit l'obligation, devienne véritablement une réalité.

Messieurs, dans les débats qui se sont poursuivis pendant ces derniers mois sur cette question de l'obligation de l'enseignement, on nous a demandé quelle manière nous voulions employer. Etes-vous pour la manière forte ou pour la manière douce ? nous demandait-on. Et si vous parliez de recourir à l'action efficace d'un magistrat, fût-il le plus paternel des magistrats, on ne manquait pas de vous dire que vous étiez encore imbus de cet esprit d'autoritarisme qu'on signale comme un vice inhérent à notre propagande et on prononçait à nouveau le mot de sectarisme.

Certaines personnes, parlant de la manière douce et voulant éviter le reproche qui nous était collectivement adressé, nous disaient : recourez aux conseils de la persuasion ; qui sait si, dans chacune des communes où se poursuit cette lutte intense, ceux-là même qui sont les plus dociles exécuteurs des volontés de l'Eglise ne s'empresseront pas de reconnaître que, l'école laïque gardant son caractère de neutralité, la paix doit se faire autour d'elle ?

Les uns et les autres, à mesure que nous avançons dans la vie, nous perdons quelques illusions. Si renforcé que soit notre optimisme, nous sommes obligés de dire que singulièrement naïfs nous apparaissent ceux qui croient qu'en parlant continuellement d'apaisement, dans cette délicate et difficile matière, on arrivera à obtenir le résultat désiré. (*Applaudissements*).

A cette question : êtes-vous pour la manière douce ou pour la manière forte ? vous avez répondu, avec infiniment d'esprit et avec un sens de la réalité dont je suis très fier pour la Ligue, que vous étiez à la fois et pour la manière douce et pour la manière forte. Vous êtes pour la manière forte contre ceux qui sont les adversaires irréductibles de l'école laïque et ne peuvent se résigner à la voir vivre et prospérer. Vous êtes pour la manière forte contre ceux qui croient que leur parti ne triomphera que lorsqu'il aura — oh ! non pas détruit, non pas mis la main sur l'école laïque — mais impressionné à ce point tout le corps enseignant primaire de notre pays que l'enseignement donné par lui sera tellement adouci, aura tellement perdu toute originalité, toute âme et toute vie, que vraiment on n'aura pas à regretter le règne des Ignorantins et qu'on n'aura pas besoin de souhaiter le remplacement des instituteurs par des congréganistes ; contre ceux-là, vous avez demandé la manière forte, et vous avez eu raison.

A l'endroit des autres, de tant de pères de familles dont l'action est déterminée bien moins par les impulsions de leur conscience ou les aspirations de leur esprit que par une contrainte morale et souvent matérielle exercée contre eux, à l'endroit de ceux-là vous aurez recours à la manière douce.

Quand on a commencé au Parlement la discussion des lois de défense laïque, nos adversaires n'ont pas manqué de dire que nous nous préparions à commettre le plus criminel attentat contre la liberté des pères de famille. On l'a dit au Parlement, on l'a écrit dans les journaux, on l'a répété dans les réunions. J'ai toujours répondu que ce que nous voulions, c'était précisément défendre la liberté du père de famille.

Nos lois scolaires établissent, pour le père de famille, le droit, que nous ne songeons pas à lui enlever, de faire instruire son enfant par le maître qui lui convient. L'école publique existe, elle est un service public. On a le droit, à côté de l'école publique, d'ouvrir une école privée, et le père de famille est libre de choisir entre l'école publique et l'école privée. Nous ne songeons pas à entraver cette liberté. Je ne connais pas d'exemple de pression faite, au nom d'un principe républicain, sur un père de famille qui envoyait son enfant à l'école privée pour l'amener à en retirer cet enfant. Mais nous connaissons trop d'exemples de pression faite sur des pères de famille pour les obliger à retirer leurs enfants de l'école publique. (*Très bien ! Très bien !*)

Nous respectons donc profondément la liberté du père de famille ; mais, pour défendre la liberté de celui qui n'a ni les moyens matériels, ni les moyens moraux de faire ce qu'il estime bon, il est nécessaire que la loi intervienne et qu'elle édicte certaines mesures. On dira sans doute, avec une bonne foi qui confine parfois à la mauvaise foi, que ces mesures sont contraires à la liberté du père de famille ; en réalité, lorsque le gouvernement de la République proposera aux Chambres des mesures par lesquelles pourra être atteint tout individu qui entravera le fonctionnement de l'école publique, ce n'est pas contre le père de famille que ces mesures sont dirigées, mais contre ceux dont le rôle politique et social est de troubler le service public qu'est l'école publique.

Cette défense du droit et de la liberté du père de famille, nous la continuerons avec la conscience d'autant plus nette du devoir à remplir que, ni les uns ni les autres, nous ne demandons que l'on donne à l'école publique un enseignement qui ne soit pas tel que tous les enfants de ce pays ne puissent le recevoir.

Du jour où le législateur républicain a ouvert l'école publique, du jour où il a dit à tous les enfants de ce pays : de tel âge à tel âge vous irez à l'école ; du jour où il les a sollicités de venir les uns et les autres, dans un esprit de parfaite égalité, s'asseoir sur les bancs de l'école publique, il a contracté par là-même le devoir de ne froisser, par son enseignement, la conscience d'aucun enfant.

Qu'est-ce que la neutralité ? Dans un congrès que la Ligue tenait il y a six ans, à Biarritz, nous discutions cette question et nous nous arrêtions à cette définition : Dire à un maître d'observer le principe de la neutralité, c'est lui dire : vous apporterez, dans la distribution de votre enseignement, une telle probité d'esprit (*Très bien ! Très bien !*), un tel sentiment de la mesure, un sens si net de ce que les convenances envers les enfants qui vous sont confiés vous imposent, que personne ne puisse se plaindre de l'exagération de vos propos et qu'on soit obligé de s'incliner devant la parfaite conscience dont vous faites preuve. (*Vifs applaudissements.*)

En faisant cette propagande, en nous efforçant de faire comprendre à tous les républicains qui veulent bien se grouper autour de nous que telle doit être l'action que les amis de l'école publique ont le devoir de poursuivre dans ce pays, nous sommes restés fidèles à la pensée de celui qui a été le fondateur de la Ligue. Je n'ai pas besoin de dire ici quel est le principe même qui nous inspire ; vous le connaissez, mon cher ministre, vous que nous sommes si heureux et si fiers de compter, depuis longtemps, parmi nos membres les plus dévoués et les plus convaincus. Mais vous me permettrez bien de profiter de la solennité d'aujourd'hui et de l'éclat que votre présence apporte à cette réunion pour dire que, si nous voyons diriger contre nous, sans nous en émouvoir plus qu'il ne convient, les mêmes attaques de sectarisme dirigées contre Jules Ferry, nous supporterons dans le même esprit les attaques dirigées contre l'anti-patriotisme de la Ligue.

Je lisais hier, dans un journal de la région, que la Ligue était une source d'anarchie. (*Rires.*) Je crois bien, messieurs, que la tenue même du congrès, l'ordre qui a présidé à vos délibérations, l'enchaînement de vos résolutions, la logique de vos vœux, la modération dont vous avez sciemment fait preuve, tout cela montre bien que vous êtes autre chose qu'un ferment d'anarchie, que vous êtes, au contraire, un exemple vivant de la soumission volontaire et raisonnée à une discipline sociale, indispensable dans une démocratie. (*Applaudissements.*)

La Ligue de l'enseignement, source d'anarchie ! La Ligue de l'enseignement accusée d'anti-patriotisme ! Ah ! messieurs, Jean Macé a fondé la Ligue sur cette terre d'Alsace dont vous avez entendu, dans l'après-midi de jeudi, un des plus nobles et des plus courageux citoyens vous dire, dans un langage combien savoureux et avec quel humour ! l'effort qui y avait été accompli par la civilisation française.

La Ligue de l'enseignement animée d'un esprit anti-patriotique ! Dans les hasards des congrès, nous avons bien pu entendre parfois quelques esprits aventureux exposer des théories auxquelles je suis bien sûr que, s'ils n'y renonçaient pas expressément, ils ne seraient pas prêts à donner une nouvelle et publique adhésion. Mais le spectacle que vient d'offrir au monde la France républicaine répond pour nous. Ce pays, qui apparaît parfois si profondément divisé, où les partis luttent avec tant de vivacité ardente pour leurs idées, leurs aspirations politiques, sociales, religieuses, s'est soudain ressaisi et a apparu tel qu'il est en réalité, animé d'une même pensée, qui domine toutes les âmes et tous les esprits : l'amour de la patrie. (*Vifs applaudissements.*)

Ne pouvons-nous pas, messieurs, nous enorgueillir, pour l'école laïque, d'un tel résultat ? Il y a trente ans qu'elle a été fondée et depuis lors trente générations sont nées, ont grandi, se sont inspirées de son enseignement, et ce sont ces trente générations qui, par une éloquence muette, la plus persuasive, la plus convaincante de toutes, donnent aux accusations dirigées contre l'école laïque le plus catégorique des démentis. (*Très bien ! très bien !*)

Oui, l'école laïque est une école de liberté, une école de démocratie et une école de patriotisme, et c'est précisément parce qu'elle est à la fois une école de liberté, une école de démocratie et une école de patriotisme que nous avons le devoir de lui consacrer toute notre activité et tout notre dévouement.

Nous ne pouvons que nous féliciter de l'effort réalisé par le 31e congrès, qui a dit, avec une netteté voulue et une modération dont je ne saurais trop le louer, quelle était pour nous la nécessité de l'heure présente.

Nous confions cet exposé à l'esprit si net, si clair, si profondément démocratique et républicain du ministre de l'instruction publique. Nous pouvons avoir l'assurance que ce dépôt ne saurait être mis en de meilleures mains. (*Longs applaudissements.*)

DANS LA PRESSE

POUR L'ESPRIT LAIQUE

28 février 1909.

L'appel adressé par la Ligue de l'enseignement à la libre initiative des républicains pour la défense de l'école laïque a reçu partout, dans la presse républicaine, le meilleur accueil ; dans la presse réactionnaire cléricale, ç'a été un cri de colère. Défendre l'école laïque, prendre et soutenir la cause des maîtres laïques quand ils sont l'objet de menaces indignes, les victimes de calomnies, en quels temps, dieux souverains, vivons-nous ? Pris d'un beau zèle, l'un des plus fougueux champions de la conspiration cléricale écrivait que la Ligue ne songeait qu'à « permettre aux instituteurs de se livrer, avec impunité, à un enseignement pornographique ».

C'est qu'il ne s'agissait plus, cette fois, de projets de loi, de sanctions à donner à des infractions que la loi, jusqu'à présent, n'avait pas prévues ; ce que l'on méditait était bien plus grave, plus épouvantable encore. Des pères de famille cléricaux s'étant, en certains départements, de gré ou de force, groupés en associations contre l'école, les pères de famille républicains étaient invités à se réunir de leur côté et à exercer la même action collective, non pour nuire à l'école, mais pour l'aider, la protéger, témoigner sympathie et confiance aux maîtres qui la personnifient et repousser avec eux toutes les agressions injustes.

L'appel était clair, net, précis. Pères de famille républicains, vous qui tenez à l'école laïque, qui voulez un enseignement laïque pour vos enfants, unissez-vous, groupez-vous, collaborez avec les maîtres laïques, et, par de communs efforts, assurez à vos enfants le bénéfice de l'éducation vraiment libérale, démocratique et républicaine qu'a préparée pour eux la République. Or, savez-vous comment un autre des écrivains du parti clérical traduit cet appel ?

Et voici que le président de la Ligue de l'enseignement lance la plus extraordinaire des manifestations pour rallier les instituteurs et les jeter dans un hallali superbe contre les pères de famille.

On ne travestit pas plus audacieusement la vérité. Les associations cléricales, c'est à l'endroit de l'instituteur une pensée de suspicion, de défiance. sinon d'hostilité déclarée, qui inspire les plus modérées d'entre elles ; dans les associations républicaines, pères de famille et instituteurs s'unissent en un sentiment de sympathie cordiale, de collaboration loyale ; mais qu'importe à notre homme, qui continue d'écrire :

Admirable organisation qui consiste à poser de plus en plus l'instituteur en antagoniste, en ennemi du père de famille, avec cette proie à se disputer : l'intelligence, la conscience de l'enfant !

C'est que nos gens ont de la liberté, de l'usage que l'on en peut faire, une conception toute spéciale. Quand ils disent : le père de famille, cela signifie le clérical, celui dont ils dictent le geste et inspirent la pensée ; l'autre, le laïque, le républicain, n'a qu'un droit secondaire, en quelque sorte ; il y aurait outrecuidance de sa part à parler d'égalité.

La liberté partage un peu le sort, aujourd'hui, de la neutralité scolaire : toute une armée de gens qui ont jeté l'anathème à la neutralité du temps de Jules Ferry, se prennent à la réclamer comme l'aspiration la plus ardente de leurs cœurs inassouvis ; mais ils ne l'entendent pas tout à fait comme l'entendait Ferry. La liberté a ainsi des défenseurs imprévus, la liberté avec un grand L ; c'est plus majestueux, mais quelle liberté !

Il y a diverses manières de comprendre la liberté. D'abord, la liberté égale pour tous, les pauvres et les riches, les libres penseurs et les croyants ; nos bons apôtres disent bien qu'ils la veulent ainsi, mais quand vous regardez d'un peu près à l'application qu'ils se proposent d'en faire, vous vous apercevez bien vite que ça n'est plus ça du tout. La liberté pour eux, d'abord ; pour les autres ensuite, s'il en reste. Ainsi, la liberté de conscience, on peut bien en parler, l'énoncer aux enfants comme un principe nécessaire des sociétés modernes ; mais, dans la pratique, il convient de distinguer. L'auteur d'un manuel de morale ayant cru pouvoir écrire : « Nous avons le droit de choisir entre toutes les religions celle qui nous plaît le plus, et si aucune ne nous plaît, nous avons le droit de n'avoir aucune religion. Le droit d'avoir la religion qu'on veut, ou de n'avoir aucune religion s'appelle la liberté de conscience. La liberté de conscience est un droit absolu, » il ne s'est pas trouvé assez d'encre au bout des plumes cléricales pour exprimer l'indignation qu'une telle doctrine provoque dans le parti. L'auteur avait écrit, quelques pages plus haut : « Toutes les croyances sincères sont respectables. » Toutes ? Encore de l'éclectisme ? Qui n'est pas avec moi est contre moi. Et ce simple propos, dont vous ne soupçonnez pas toute l'horreur, avait été une raison de plus de le condamner.

Mais la Ligue de l'enseignement disait aux républicains : Prenez garde ! En apparence, c'est à l'école que l'on s'attaque ; en réalité, c'est l'idée laïque, l'idée de libre examen, et en elle le principe même de la démocratie et de la République que l'on poursuit; ne soyons pas dupes de la manœuvre.

C'est cela peut-être qui excita les plus vives colères. Ah ! la campagne était bien combinée et l'exécution n'en commençait pas trop mal. Mais ils se sont trop pressés, eux-mêmes ont dévoilé le but qu'ils se proposaient d'atteindre; aujourd'hui, l'éveil est donné, le parti laïque et républicain sait à quoi s'en tenir.

Une double action se poursuit, l'action gouvernementale et parlementaire, l'action de l'initiative privée. Les projets de loi déposés à la Chambre par le gouvernement pour réprimer les entraves à l'enseignement des matières déclarées obligatoires par la loi du 28 mars 1882 et pour régler la question depuis si longtemps agitée de la responsabilité des membres de l'enseignement, seront prochainement discutés; l'anarchie que l'on s'efforce d'introduire, d'organiser à l'école, au grand détriment des enfants eux-mêmes, sera ainsi efficacement enrayée; l'initiative individuelle complètera l'œuvre du gouvernement et du Parlement.

Agissons donc, et sans perdre de temps. Il y va de l'intérêt du parti républicain en toutes ses nuances. Si jamais question de principe fut engagée, c'est bien en ce débat, et quels partis met-il aux prises? D'un côté, toute la réaction sous la bannière cléricale, avec l'étroitesse et l'absolutisme de son intransigeance; de l'autre, tout le parti républicain, qui défend véritablement l'esprit de tolérance et de liberté, lequel n'est autre que l'esprit laïque.

POUR L'ÉCOLE LAÏQUE ET LA PAIX SOCIALE

27 octobre 1909.

La Chambre a inscrit à son ordre du jour les projets de loi déposés il y a plus d'un an déjà par le gouvernement, rapportés par la commission de l'enseignement depuis le mois de janvier dernier, et qui ont pour objet la défense de l'école laïque.

Après le dernier manifeste des évêques, la France laïque n'eût pas compris qu'on laissât dormir plus longtemps ces projets de loi. La Chambre a répondu au sentiment de l'unanimité du parti républicain et, j'imagine, un peu aussi au désir des évêques. Ces hommes de paix ne rêvent que luttes et combats, ne parlent que de batailles ; chacun de leurs mandements, j'allais dire de leurs manifestes, est un cri de guerre à l'idée laïque, c'est-à-dire — nous le répéterons sans cesse, parce que c'est la vérité — à l'idée de tolérance et de liberté, à l'école laïque, où les enfants doivent se former au culte de cette tolérance, à la pratique de cette liberté, par le développement d'une conscience droite guidée par la raison. Nous acceptons le défi.

Trente années s'étaient passées depuis que Gambetta avait prononcé la parole fameuse : « Le cléricalisme, voilà l'ennemi. » Ennemi de la République, ennemi de la démocratie. La République avait triomphé, la démocratie avait poursuivi son œuvre de développement. Un jour, longtemps après, était venu où la séparation s'était accomplie entre les Eglises et l'Etat. Et nombre de républicains, gens calmes, désireux de la paix et prompts aux illusions, avaient entrevu pour nos activités une ère nouvelle : la religion reléguée dans le domaine de la conscience, d'autant plus haute et plus respectée ; les luttes pour l'autorité de la société civile terminées, le champ libre pour d'autres préoccupations tout inspirées des idées de justice et de solidarité sociales. Mais la paix entre les citoyens, quelles que fussent leurs doctrines philosophiques et religieuses, le respect mutuel des sincérités dans la pratique loyale de la liberté de conscience, cela était trop beau. Nos évêques se sont chargés de rappeler les rêveurs trop généreux à la réalité. Et la réalité, c'est la bataille. Nos évêques le veulent ainsi.

Est-ce d'eux-mêmes, par un effort spontané de leur libre volonté ? Ou obéissent-ils au mot d'ordre du pape, souverain absolu ? Il semble bien que Pie X s'inspire beaucoup plus des traditions laissées par les plus intransigeants de ses prédéces-

seurs que des velléités de libéralisme dont quelques-uns ont pu offrir l'exemple. Quoi qu'il en soit,
c'est la guerre qu'ils veulent.

Ils l'ont déclaré nettement à la société civile
contemporaine.

Admirez la gradation qu'ils ont observée.

Tout d'abord, ils se sont attaqués aux livres en
usage dans les écoles. Ces livres étaient contraires,
disaient-ils, à la neutralité qui doit être observée à l'école primaire. Il s'agirait de savoir
ce qu'il faut entendre par la neutralité scolaire. Les républicains l'ont dit, il y a longtemps,
en s'inspirant tout à la fois et des discussions auxN-
quelles donna lieu en son temps la loi de 1882 et
du caractère même de l'école publique. Pour les
porte-parole du cléricalisme auxquels nous
avons affaire, elle devait consister dans une soumission étroite, absolue, aux prescriptions des
chefs du parti. Ce ne serait pas la peine, en vérité,
d'avoir fait les lois scolaires, substitué l'école
laïque à l'école congréganiste d'autrefois, si nous
devions aboutir à un pareil résultat. Bref, les
évêques ont commencé à proscrire les écoles dan
lesquelles étaient adoptés certains livres.

En quels termes ils formulaient cette proscrip-
tion, c'est chose bonne à rappeler. Ecoutez M. Laurans, évêque de Cahors, en son ordonnance de décembre 1908 :

Art. 2. — Nous déclarons que toute école où sont

adoptés comme classiques des livres condamnés par
l'autorité ecclésiastique doit être considérée comme
une école positivement mauvaise, dont la fréquentation est interdite comme constituant une occasion
prochaine de péché.

Nous serions revenus aux beaux temps du
moyen âge où l'autorité ecclésiastique régentait
souverainement les hommes et les consciences,
que l'évêque de Cahors ne s'exprimerait pas autrement. Quelle conclusion à tirer de cet arrêté
épiscopal? Braves gens qui croyez à l'action utile
et nécessaire des pouvoirs civils, dont toute l'autorité émane de la nation, pour veiller aux intérêts
généraux du pays, vous vous trompez. Ce ne sont
pas vos conseils élus, ce n'est pas le gouvernement,
qui doivent statuer sur ces questions et, ayant institué l'école nationale, dire comment elle doit être
réglementée. Ils le pourront peut-être, mais après
avoir pris l'avis des évêques, en se conformant
aux avis et aux prescriptions que Nos Seigneurs
voudront bien nous donner.

M. Laurans parlait ainsi, il y aura bientôt un
an, et déjà ce n'était point mal. Comment s'est exprimé, il y a quelques semaines, l'épiscopat tout
entier? Cette fois, c'est bien à l'assaut sur toute la
ligne que nous assistons. Les livres, oui, sans
doute, on en parlera encore ; mais toute la pensée
s'affirme, plus haute et plus large. C'est à l'école
laïque elle-même, à l'école neutre entre les reli-

gions, telle que l'a voulue la République, que l'on s'attaque ; c'est cette école que l'on proscrit. L'école laïque est condamnée dans son action et dans son principe.

Nous en sommes là.

Si ce n'étaient que des mots, nous pourrions en rire. Le moyen âge est loin de nous, et quoi que fassent les plus échauffés d'entre les membres de l'épiscopat, à quelque manifestation étrangement absolutiste que la crainte de Rome absolue les conduise, nous ne verrons pas renaître, dans toute l'horreur de sa beauté, le régime théocratique du passé. Ce n'est pas cela qui peut nous inquiéter. Mais il y a les soubresauts auxquels cette arrogante agression contre la société civile peut nous exposer, les tentatives de lamentable division entre gens d'opinions peut-être différentes, mais qui, loyalement, pourraient s'entendre, dont ce langage épiscopal peut n'être que la préface ; et à voir les commencements d'exécution, les autodafés de livres dont, en certains endroits, sous l'inspiration de prêtres fanatiques, nous a été donné le spectacle, la guerre faite à nos instituteurs laïques, n'épargnant pas les plus prudents, les plus calmes, les plus soucieux de prévenir tout conflit sans cependant rien méconnaître de leurs devoirs laïques, le parti républicain manquerait à son devoir s'il ne demandait aux Chambres et au gouvernement de prendre les mesures nécessaires.

L'école n'est pas, elle ne doit pas être un champ

clos où les partis politiques puissent se rencontrer
et livrer bataille ; l'éducation de ceux qui seront
les citoyens de demain doit se poursuivre dans une
atmosphère de sérénité où seules règnent en maîtresses les inspirations de la conscience et de la
raison. Les actuels porte-parole du cléricalisme
ne l'entendent pas ainsi. Des mandements des
évêques nous pourrions descendre aux divers
livres à l'aide desquels s'enseignent, dans les
écoles du parti, l'histoire et la morale. Nous y trou-
verions d'étranges suggestions à la haine des institutions présentes, de la démocratie, de la liberté
de conscience. Le procès des livres, nous pourrions le faire à rebours ; soyez assurés qu'il serait édifiant. Il semble que nos évêques tiennent à
nous dispenser de cette peine.

La République a voulu fonder l'école nationale,
où pourraient se rencontrer, pour y recevoir en
commun l'enseignement de la vérité démontrée,
tous les enfants du pays, loin des querelles que
les différences d'opinions sociales, politiques, religieuses, provoquent trop souvent entre les
hommes ; à cette école, Rome et l'épiscopat déclarent la guerre. Nous défendrons énergiquement
l'école laïque, l'école nationale, l'école de la tolérance et de la liberté, et ainsi nous lutterons pour
la paix sociale.

LES ÉVÊQUES EN CAMPAGNE

30 octobre 1909.

La séance continue. L'un après l'autre, nos évêques entrent en campagne. Après le manifeste collectif, l'action de chacun d'eux. Voici M. Turinaz, qui pontifie avec des airs de bataille à Nancy ; puis M. Gibier, évêque de Versailles, M. Germain, archevêque de Toulouse. A qui le tour ?

L'abbé Lemire disait l'autre jour à la Chambre qu'il se refusait à former un parti catholique, ne voulant pas compromettre à tout jamais en France l'Eglise et la paix du pays. Nos évêques ont moins de scrupules. C'est précisément ce parti que veut constituer M. Turinaz ; le catéchisme de son diocèse se complétera bientôt par un chapitre sur le devoir électoral.

M. Germain, lui, a déjà constitué son comité. Cela s'intitule : « Association des catholiques de la Haute-Garonne ». L'archevêque a donné le mot d'ordre, dicté le programme. O ironie des mots et des choses ! L'archevêque réclame d'abord la paix religieuse, comme si depuis longtemps, lui et ses confrères ne s'appliquaient pas, avec la plus folle ardeur, à la troubler consciencieusement. Cette paix, elle s'obtiendra, dit-il : 1° par une entente directe avec le souverain pontife ou par une législation nouvelle acceptée par le Saint-Siège. Pie X, régnez sur nous, et que Merry del Val demeure votre saint prophète !

*
* *

Le second moyen de M. Germain pour assurer la paix religieuse, c'est la liberté d'enseignement. Or, savez-vous comment il convient d'entendre la pratique de cette liberté ! Un des auxiliaires de M. Gibier a bien voulu prendre la peine de ne rien nous laisser ignorer à ce sujet. Dimanche dernier, au cours d'une réunion qui se tenait à Versailles sous la présidence de l'évêque, ce pieux propagandiste s'écriait que, dans son canton, grâce à l'action des comités épiscopaux, trois instituteurs avaient été mis en quarantaine et que l'un d'eux ne pouvait même plus sortir de chez lui.

Admirable mansuétude, bonté vraiment adorable. Dans les années qui suivirent le vote des lois scolaires, on vit maintes scènes de ce genre. Quelle est donc la commune de la Loire-Inférieure où un instituteur laïque, que je connais, étant venu prendre possession de son poste, le mot d'ordre fut donné — auquel nul ne put, pendant un temps, désobéir — de ne lui vendre ni pain, ni lait, ni viande, ni sel, ni épices, rien de ce qui se boit, rien de ce qui se mange, de ne lui donner aucune aide, de tout lui refuser, tels les pestiférés d'autrefois marqués par le doigt de Dieu pour la répulsion des hommes.

M. Piou se plaignait lundi qu'il n'existât en France qu'un seul parti, le parti au pouvoir, le parti républicain. On ne se doutait pas que la République, ses institutions et ses lois manquassent à ce point d'adversaires. Nos évêques vont combler la lacune. M. Piou n'a qu'à prendre sa place et marcher au pas.

*
* *

Voilà donc nos évêques en campagne. Ils ont tiré les premiers. C'est bien le moins que nous ripostions. Nous défendrons contre eux résolument l'école laïque et par là même le principe de vie de la société civile.

Dans le manifeste qu'ils ont tous signé, cardinaux, archevêques et évêques rappellent que Pie IX, dès 1854, réprouva et condamna l'école neutre. Ils auraient pu invoquer aussi le *Syllabus*. Voilà qui nous rajeunit. Une seule école trouvait grâce aux yeux de l'obstiné pontife ; celle dont la direction était remise aux mains de l'Eglise. N'a-t-on pas, en 1849, à la commission préparatoire de la loi Falloux, alors qu'on fulminait de concert contre l'esprit libéral et les instituteurs, proposé, pour résoudre le problème, de charger tout simplement, dans chaque commune, le curé de diriger l'école et d'y donner l'instruction ?

L'esprit n'a pas changé. Mais nous ne sommes plus au temps de la loi Falloux. Il faudra que nos évêques s'en aperçoivent.

La Chambre a inscrit à son ordre du jour la discussion des projets de loi qui ont précisément pour objet de défendre l'école laïque contre l'assaut clérical. Par le vote de ceux des ministres qui appartiennent à la Chambre, le gouvernement s'est associé à la pensée de la majorité. Le parti républicain tout entier affirmera une fois de plus qu'il n'entend pas laisser mettre en péril l'œuvre scolaire de 1882.

*
* *

Le devoir de la Chambre, celui du gouvernement sont tout tracés. Il appartient aux républicains, à tous les hommes pour qui l'idée laïque est véritablement l'idée de liberté, de remplir aussi le leur. Dans l'œuvre d'éducation entreprise par la République, l'action des initiatives individuelles est indispensable. Il ne s'agit pas seulement de défendre nos lois scolaires par la plume et par la parole, d'en faire chaque jour mieux comprendre l'esprit libéral et généreux, de montrer comment, sans l'école laïque, tout l'effort si laborieusement poursuivi depuis trente ans pour le développement de la démocratie est entravé, brisé ; il faut faire cela et plus encore. L'école, telle qu'elle est, ne saurait se suffire à elle-même ; elle a besoin d'être entourée d'institutions qui la soutiennent, la complètent. Aux patronages cléricaux nous devons opposer les patronages laïques. C'est l'œuvre nécessaire des initiatives privées. Multiples sont les formes que, selon les lieux, les circonstances, peuvent revêtir ces initiatives. Mais nous manquerions à un devoir essentiel si elles ne se produisaient pas.

La Ligue de l'enseignement, dont c'est la tâche, n'a jamais cessé de rappeler ce devoir aux républicains. Faisons appel aux pouvoirs publics pour prendre les mesures que dicte la nécessité d'assurer le respect des lois, et en même temps, groupons-nous, associons-nous, mettons en commun nos efforts et nos bonnes volontés agissantes pour assurer tout à la fois la fréquentation de l'école et la continuité de son action. Contre elle les évêques veulent organiser la mobilisation des forces cléricales : répondons par l'action combinée des pouvoirs publics et des initiatives républicaines coordonnées. Toutes les fractions du parti républicain y ont le même et égal intérêt.

PAROLES ROYALES ET AUTRES

6 novembre 1909.

Le chef du gouvernement et les évêques ayant parlé, le roi a éprouvé le besoin de dire quelque chose à son tour. M. Briand avait recommandé l'apaisement, les évêques avaient fait entendre un cri de guerre ; le duc d'Orléans a cru habile, entre ces deux notes un peu différentes, de se prononcer pour la première. Il est, lui aussi, pour l'apaisement. Il a bien voulu nous le faire savoir par l'intermédiaire d'un reporter du *Journal*, et rien n'est amusant comme le commentaire de l'interview royale qu'a donné le *Gaulois*. C'est la « vraie détente ». M. Buffet, lorsqu'il fut élu président de l'Assemblée de Versailles, après la démission de M. Grévy, avait annoncé l' « impartialité vraie ». Le régime du 24 mai nous a suffisamment édifiés.

Comment la « vraie détente » s'accomplira-t-elle ? L'aspirant-roi entend être l'arbitre suprême des partis, et, pour cela, il se souviendra de ses ancêtres qui furent, paraît-il, de grands juges de paix. Puis, il choisira ses ministres dans le personnel politique républicain. C'est parler, dit gravement le *Gaulois*, en prince avisé, en homme d'Etat prévoyant. Et la raison de cette prévoyance, le *Gaulois* nous l'a donnée tout de suite : c'est que, les royalistes étant écartés des affaires depuis soixante ans, le parti manque absolument de personnel de gouvernement. Le roi, qui n'a guère plus d'expérience, compte donc, pour gouverner, sur le concours de ministres républicains. Sire, je vous salue bien ; mais si, pour avancer vos affaires, vous n'avez que des apologistes de ce genre-là, vous pouvez prendre patience. La justice se rendra bien sans vous.

Cela, c'était à la seconde colonne du journal royaliste. A la première, une interview de M. Touchet, évêque d'Orléans. L'autre jour, M. Cochery et M. Doumergue avaient prononcé sur l'esprit et l'enseignement laïques des paroles fort applaudies, à Orléans, à l'occasion de l'inauguration du lycée Jeanne d'Arc ; l'évêque a voulu y répondre. Ecole laïque, qu'est-ce que ce mot peut bien signifier pour vous ? demande l'interviewer. Et le prélat aussitôt de répondre : école anti-religieuse, école athée.

Avez-vous suivi un peu la continuité de la littérature épiscopale sur ce sujet ? Quand elle ne s'exprime pas en termes dont la violence appelle la guerre civile, elle est d'une pauvreté lamentable. Ecole laïque, il paraît que personne n'a encore donné de ce mot une signification positive. Alors l'évêque trouve naturel qu'on lui donne le sens d'école athée. Mais qu'est-ce que l'athéisme ? Dupanloup, qui fut, avant M. Touchet, évêque d'Orléans, avait là-dessus des idées très simples. « Le déisme, disait-il un jour, est une des formes de l'athéisme ». Il ne s'agit que de s'entendre. Mais que d'athées ont existé ainsi dans le passé, qui croyaient fermement à l'existence de Dieu, et combien s'en peut-il encore rencontrer aujourd'hui ?

C'est que la question n'est pas de savoir si vous croyez ou non à l'existence d'un être suprême, mais bien si vous donnez votre foi à l'existence de cet être tel que l'entendent le pape et les évêques, et si vous rendez à ceux-ci, interprètes sur la terre, de par l'investiture qu'ils se donnent les uns aux autres, de la volonté divine, l'hommage de piété et d'obéissance qu'ils exigent. Voltaire fut un déiste convaincu ; mais il fit la guerre à l'intolérance et aux moines ; athée, comme les autres, ou-digne de l'être et, comme eux, condamné.

Un correspondant — qui me semble très croyant en même temps que très naïf — m'écrivait, un de ces jours derniers, que nous n'avons en face de nous que des gens « qui réclament la paix religieuse qu'un gouvernement sectaire leur a arrachée, un troupeau de moutons qui ne demandent qu'à vivre tranquilles, qu'à pouvoir se mettre à genoux devant celui qu'ils adorent, le prier dans leurs églises, et à obéir à son commandement, qui est d'aimer leur prochain comme eux-mêmes ». Tendre agneau, mettez-vous à genoux autant que cela pourra vous faire plaisir, nul n'y voit le moindre inconvénient, et aimez de tout votre cœur votre prochain. Je vous en fais d'avance mon très sincère compliment.

Mais, tout après avoir lu cette lettre, je lis dans le *Soleil* l'interview d'un curé de campagne qui voit déjà, lui, « une bonne râclée administrée incognito » à l'instituteur laïque, « peut-être un coup de fusil envoyé à la dérobée », et qui « revient à la chouannerie » avec l'espoir que « la République en crèvera ». Et voilà une singulière manière d'exprimer le désir de voir régner la paix ; ce mouton noir a une douceur particulière ; l'amour qu'il porte à son prochain se manifeste de façon originalement angélique.

Tout de même, ils en diront tant que cela finira par paraître aux fidèles eux-mêmes excessif. Déjà, des observations, des réserves se produisent. Ainsi, M. de Narfon écrit dans le *Figaro*, après avoir rappelé qu'il a approuvé le manifeste des évêques :

L'évêque de Quimper, Mgr Duparc, veut que « si l'école communale emploie des livres condamnés par les évêques, les parents — sous peine de refus d'absolution — défendent à leurs enfants d'apprendre des leçons dans ces livres et même de les garder. » Cela paraît dangereux. C'est, en somme, le refus d'obéissance de l'enfant au maître qui est ordonné éventuellement par Sa Grandeur.

Il n'y a pas d'éducation possible dans ces conditions là...

De même quand Mgr Duparc écrit : « Si le père de famille ne remplit pas son devoir, c'est à la mère de famille d'agir à sa place », il est impossible qu'il ne voie pas que, dans bien des cas, une application maladroite de son instruction épiscopale risquera de troubler profondément les ménages…

Et, à propos des autodafés de livres condamnés par les évêques :

Je me persuade malaisément que cette manière d'agir soit digne d'encouragement. Il ne faudrait pas, tout de même, sacrifier, quand il s'agit d'éducation, ni l'obéissance ni le respect.

Mais est-ce bien le souci exclusif de l'éducation de l'enfance qui dirige le pape et les évêques ? Le duc d'Orléans voudrait bien être roi, et il fait ce qu'il peut pour ne pas être trop oublié ; les évêques, eux, rêvent de redevenir demain les maîtres qu'ils ont été dans le passé ; leur premier acte de guerre est l'assaut à l'école laïque. Et brûler des livres, la belle affaire ! Est-ce que, autrefois, on ne brûlait pas les gens ?

LES « BONS » LIVRES

20 novembre 1909.

Pendant que les évêques fulminent avec tant de zèle batailleur contre quelques-uns, et peut-être les plus connus, des manuels en usage dans les écoles laïques, si nous ouvrions les livres qui sont mis aux mains des élèves de leurs écoles ? Notre enseignement historique, à les en croire, est tronqué ; si nous examinions celui qui se donne sous leur inspiration ? Quel souci de la vérité les anime ? Quelle impartialité historique est la leur ?

J'ai pris quelques-uns de ces livres et je les ai lus. Ah ! messeigneurs, mettez un frein, je vous prie, à votre sainte fureur contre les livres de M. Aulard, pour ne prendre que le plus en vue des auteurs condamnés par vous, ou vous perdez la partie.

Voici une *Histoire de France* par une réunion de professeurs. Ce pseudonyme collectif sent le congréganiste d'une lieue. Ouvrons à la page 88 ; il s'agit de la captivité, du procès et de la mort de Jeanne d'Arc. Je lis :

Des juges iniques, vendus aux Anglais, firent à la jeune guerrière un odieux procès et la condamnèrent à être brûlée vive.

Suit un bref récit de la mort de Jeanne ; mais, de Cauchon, évêque, qui dirigea le procès, des gens d'Eglise qui l'assistèrent, pas un mot. Cauchon, la réunion de professeurs ne connaît pas cet homme-là.

Les *Nouveaux Eléments d'Histoire de France* de Melin, abbé, si je ne me trompe, mais qui ne le dit pas, ne connaissent pas Cauchon davantage.

Les Anglais conduisirent à Rouen l'innocente et intrépide guerrière, l'enchaînèrent dans une dure prison ; puis, après une sorte de procès inique, la brûlèrent vive sur la place du Vieux Marché.

Les enfants ne seront pas embarrassés quand on leur dira ensuite que l'Eglise a béatifié Jeanne d'Arc.

Arrivons à la Réforme. Ecoutez la réunion de professeurs :

Jusqu'au xvi° siècle, tous les peuples de l'Europe occidentale étaient catholiques : ils obéissaient au pape et le reconnaissaient comme le vicaire de Jésus Christ.

Mais, au temps de François I°", un mauvais moine allemand, nommé Luther, se révolta contre le pape...

Pour se faire des protecteurs puissants, il excita les seigneurs à s'emparer des biens des églises et des monastères.

Les doctrines nouvelles soulevèrent bientôt les pauvres contre les riches. Luther ordonna aux seigneurs de tuer les révoltés comme des bêtes fauves. Plus de cent mille de ces malheureux furent exterminés.

Et vous êtes bien difficile si vous pensez qu'on pouvait présenter d'autre manière le grand mouvement qui, partant de la nature même des choses de l'Eglise, bouleversa si profondément les consciences et eut de si graves et si lointaines conséquences. Au moins, les gens d'Eglise qui parlaient au nom du concile de Sens, en 1528, avaient plus de pittoresque dans l'expression, quand ils disaient de Luther et de ses partisans :

Ces hommes nauséabonds vomissent des outrages si répugnants et si fétides qu'ils semblent s'être donné pour but de souiller et contaminer la face de l'Eglise jusque-là sans tache.

La Saint-Barthélemy fut-elle une tache pour cette face immaculée ?

« Loin d'approuver le lâche massacre ordonné par Catherine, dit la réunion de professeurs, les bons catholiques furent saisis d'horreur. »

Et Melin :

L'Eglise et les catholiques sensés éprouvèrent pour ce coupable massacre un sentiment de répulsion et d'horreur.

C'est pourquoi, dès que la nouvelle du massacre fut parvenue à Rome, le pape fit chanter un *Te Deum*, allumer des feux de joie, frapper une médaille commémorative, et envoya à Charles IX et à Catherine de Médicis toutes ses félicitations.

Mais il n'est pas nécessaire que les élèves des écoles cléricales sachent ces choses-là.

Quant à la mort de Henri III, la réunion de professeurs dit qu'il fut « assassiné par Jacques Clément », et Melin :

Un fanatique, nommé Jacques Clément, s'approcha du roi Henri III et le tua d'un coup de poignard.

Ce Clément, à la vérité, était un moine jacobin ; mais quel besoin d'insister sur ce point, non plus que sur Ravaillac ? De l'inspiration à laquelle obéirent les deux régicides, nos auteurs n'ont garde de parler.

Voici la révocation de l'édit de Nantes. La réunion de professeurs n'en dit pas un mot ; il lui suffit de raconter dévotement la mort de Louis XIV. Melin la mentionne : il veut bien noter que « en plusieurs endroits, des violences regrettables furent commises contre les protestants », ce qui est une façon vraiment délicate de ne point totalement passer sous silence les dragonnades, et il ajoute :

Le clergé n'avait pas demandé à Louis XIV la révocation de l'édit de Nantes, préférant obtenir les conversions religieuses par la mansuétude et la persuasion, et non par la violence.

On ne donne pas plus béatement un démenti à l'histoire et à la vérité.

Passons sur la Révolution, dont nos auteurs parlent en des termes et dans un esprit que vous pouvez imaginer. Nous voici en 1870, à la guerre que soutint la France contre l'Allemagne. La réunion de professeurs consacre deux pages à la guerre, tout un paragraphe aux zouaves pontificaux ; Chanzy et Gambetta ne sont pas nommés. Les enfants qui apprennent l'histoire dans ces deux livres ne savent pas que ces deux hommes ont existé.

Voulez-vous une troisième *Histoire* du même acabit ? Elle a pour auteur le R. P. dom Ancel, bénédictin, et Gabriel Maurel, qui s'intitule : « Directeur du Moniteur des examens de l'enseignement primaire ». Par ces courts extraits, jugez du livre :

Elle (Catherine de Médicis) faisait adoucir les lois portées contre les réformés et usait à leur égard de la plus large tolérance : *concessions déplorables.*

Au sujet de la Révolution :

Les privilégiés avaient enfin compris le sacrifice que le bien commun exige d'eux : ils le firent avec une générosité *irréfléchie* par le vote du 4 août, car, parmi les droits qu'ils détruisirent, *beaucoup étaient respectables, légitimes* et utiles…

…Cédant à un *sentiment bien naturel,* pour sauver leur vie, les nobles émigrèrent en masse, résolus à s'unir pour combattre, non pas la France, mais la révolution…

…Cette persécution (la constitution civile du clergé) détermina et *justifia* en même temps l'insurrection vendéenne.

Suit plus loin un éloge des Vendéens.

Voici pour la Restauration :

La même opinion se renouvela à propos de la loi du sacrilège, qui punissait de mort le vol dans les églises et la profanation des hosties consacrées (1825). Cette loi, qui ne fut jamais appliquée, *reconnaissait du moins qu'il y avait des crimes contre la religion.*

Vous voyez d'ici la conclusion du livre.

Si, après les manuels d'histoire, nous prenons les manuels d'instruction civique, les constatations ne sont pas moins édifiantes. Voici le dernier en date de ces manuels, signé G. de la Guillonière. Il s'ouvre par une lettre donnant une « entière approbation », de M. Joseph, évêque d'Angers, et une autre lettre de M. de Mun, qui exprime sa profonde satisfaction. M. de Mun s'élève contre les manuels qui dénaturent systématiquement l'histoire nationale selon les passions de leurs auteurs ; il loue M. de la Guillonière d'avoir pris soin d'éviter tout esprit de parti. Dieu saint ! qu'eût dit M. de la Guillonière s'il eût, au contraire, cédé à l'intérêt de parti ?

D'abord, le mot de liberté de conscience n'est pas écrit une seule fois dans le livre. Mais dès le début on peut lire :

La religion catholique est d'institution divine. Croire que toutes les religions sont bonnes est aussi dangereux que de croire qu'il n'y a jamais de fausse monnaie. Dans les deux cas, on est volé.

Et :

Les pouvoirs publics ont avant tout le devoir de rendre hommage à Dieu, de qui ils tiennent leur autorité.

Le suffrage universel n'a qu'à se tenir tranquille.

Chemin faisant, l'auteur nous rappelle que les peuples les plus anciens ont eu Adam pour premier père et que tous ceux qui prétendent le contraire se trompent et nous trompent. Lui aussi parle de Jeanne d'Arc ; mais de l'évêque Cauchon pas un mot ; il n'oublie pas, par contre, Marie Alacoque et Bernadette Soubirous. La science, si elle ne s'appuie pas sur la foi, ne lui inspire qu'une pitié méprisante ; au contraire, la Compagnie de Jésus et l'ordre des Capucins ont été, pour notre pays, des bienfaits suscités par Dieu. Quant aux philosophes du XVIIIe siècle, ils ne furent que les « apôtres du vice et de l'irréligion ».

Tout cela est à l'usage des élèves des écoles libres.

Monsieur le ministre de l'instruction publique, qu'en pensez-vous ?

COMME EN 1883

28 novembre 1909.

C'est toujours la même chose, en 1909 comme

en 1882 et 1883. Les évêques ressassent les mêmes arguments, fulminent dans le même esprit. Tout le temps que dura, à la Chambre et au Sénat, la discussion de la loi d'obligation de l'enseignement, le corps épiscopal, suivi de toute la presse du parti, cria à la violation de la liberté des pères de famille, qui devaient bien avoir le droit de faire instruire leurs enfants à leur convenance et, s'il leur semblait préférable, afin de sauver l'âme de ces chers petits des périls auxquels tout désir de savoir expose, de ne les pas instruire du tout. Fit-on un assez beau tapage autour de cette fameuse liberté ? Quand la loi fut votée, la campagne recommença ; cette fois, on s'en prit aux manuels scolaires. Donner aux enfants un enseignement civique, nouveauté inquiétante et qui mettait en danger la foi catholique ! La congrégation de l'Index et les évêques proscrivirent les livres comme aujourd'hui ; le 21 mai 1883, le duc de Broglie interpellait, au Sénat, sur les moyens dont le gouvernement comptait user « pour assurer, disait-il, dans les livres destinés aux écoles primaires publiques, le respect dû aux croyances et aux sentiments des familles ».

Le noble duc, reprochant au gouvernement de ne pas faire observer la neutralité, incrimina particulièrement trois manuels dont les auteurs étaient Paul Bert, Mme Gréville et Compayré. De ces trois manuels, le plus modéré était incontestablement celui de Compayré ; c'est contre celui-là que se

dirigeaient, par suite, toutes les colères. Il enseignait l'existence de Dieu, l'immortalité de l'âme ;
il parlait en excellents termes de la patrie que tous
les citoyens doivent aimer et défendre ; mais Compayré, et M. de Broglie s'en plaignit amèrement,
n'exaltait pas suffisamment, paraît-il, les gloires
de l'ancienne France, et quant aux institutions de
la France nouvelle, il professait, par exemple, que
le mariage de deux époux était complet lorsque le
maire avait prononcé.

Jules Ferry, au cours d'une réponse qui est une
merveille de bon sens, lut, sur cette question même
du mariage civil, une page délicieuse de Jules Simon, qui, dans son *Livre du Petit Citoyen*, expo-
sait précisément la même doctrine que Compayré.

On eut pu, il y a quelques années, croire qu'on
rêvait en lisant ces débats de 1883. Et vingt-cinq
ans après, c'est la même guerre faite à l'école
laïque, à ses livres et à son enseignement, presque
dans les mêmes termes et dans les mêmes conditions.

Jules Ferry disait à M. de Broglie :

J'ai fait une remarque bien curieuse : c'est que, sur
dix ou vingt personnes qui parlent de ces manuels, qui
en parlent en se signant, qui disent : « Il paraît qu'il y a
d'affreux livres qui s'appellent des manuels d'enseignement civique ? », on n'en compte pas une qui les
ait lus.

Combien croyez-vous que, parmi les évêques qui

ont proscrit les livres d'Aulard et Debidour, de Bayet, de Calvet, de Devinat, de Guiot et Mane, de Rogie et Despiques, de Brossolette, de Gauthier et Deschamps, il y en ait qui les ont lus ? Vous étonnerai-je si je vous dis que plusieurs de ces livres étaient en usage dans les écoles même que patronnent nos seigneurs les évêques et, par les pieux professeurs de ces écoles, avaient été jugés excellents ?

Les parents dont les enfants refusent, depuis quelque temps, d'apprendre leurs leçons dans les livres, les ont-ils lus davantage ? Quant à ceux qui, par hasard, les ont ouverts, on obtient d'eux, pour peu qu'on les presse, d'étranges et suggestives réponses.

L'expérience a été faite par un de nos collègues de la Savoie, M. Chautemps. Le curé de Cézarches, près d'Albertville, ayant, après force pas et démarches, constitué une association de pères de famille, ceux-ci, dûment stylés, interdisent un jour à leurs enfants d'apprendre les leçons d'histoire dans le livre de Calvet. Comment ce livre, estimé la veille, devenait-il subitement mauvais ? Le maire et l'instituteur décident de réunir les pères de famille. Au jour dit, M. Chautemps se trouve là. Il demande aux uns et aux autres ce dont ils se plaignent, quels passage du livre les inquiètent, peuvent mettre en perdition l'âme des enfants. Réponse : « Il faut supprimer le livre de Calvet. » Le supprimer, soit ; mais pour quels motifs ? Cela vaut

qu'on précise. Quelques-uns disent :« La France
va à l'anarchie ». Mais ça n'a pas de rapport avec
le manuel Calvet. Enfin, après divers propos où se
trahit l'embarras de ses interlocuteurs, M. Chautemps obtient les articulations que voici :

Parlant de Vincent de Paul, dont il dit le grand
cœur et la grande charité, l'auteur ne dit pas qu'il
était un catholique et un saint.

Dans une gravure représentant la mort de Jeanne
d'Arc, on voit un évêque qui, sur une estrade,
mître en tête, regarde le bûcher. Pourquoi l'auteur n'a-t-il pas dit que Cauchon était un apostat ?

Troisième grief. L'auteur rappelle que, sous le
premier Empire, l'Eglise enseigna « par ordre »
que l'empereur devait être adoré. Et c'est là un
propos « injurieux pour la religion ».

Ensuite ? Ensuite, rien. C'est tout.

M. Chautemps fit remarquer à ces braves gens
que Vincent de Paul n'était pas plus saint en 1650
que Cauchon n'était apostat en 1450 ; et je crois
bien me souvenir d'avoir lu, dans un catéchisme du
temps de l'Empire, quelque chose d'analogue à ce
que dit le livre de Calvet ; puis, feuilletant le livre
à son tour, il lut à son auditoire d'autres passages
relatifs à l'Eglise, dont celui-ci :

La Gaule devint chrétienne. Les mœurs s'adoucirent
et les pauvres gens furent moins opprimés... Les
évêques eurent le mérite de défendre les populations

19*

contre le despotisme des empereurs, puis contre les violences des barbares.

Et cet autre :

L'Eglise... établit la trêve de Dieu, qui interdisait les guerres privées pendant plusieurs jours par semaine et à l'époque des grandes fêtes religieuses. Cette institution profita aux pauvres gens qui eurent ainsi un peu de répit.

L'Eglise sut encore utiliser une coutume des Germains, la chevalerie, qu'elle transforma en faisant du seigneur féodal un soldat voué à la défense des faibles.

Il expliqua ensuite qu'un livre destiné à être mis entre les mains de tous les enfants, sans distinction de situation sociale ou de confession religieuse, riches ou pauvres, fils de catholiques, de protestants, d'israélites ou de libres penseurs, ne pouvait être l'écho des passions particulières à un parti politique ou religieux ; que c'était l'un des grands bienfaits de la Révolution d'avoir donné à notre pays la liberté de conscience avec toutes ses conséquences, et que, nécessairement, l'enseignement donné dans les écoles devait s'inspirer de cette liberté et la faire comprendre de tous ; il montra tout ce que paysans et ouvriers devaient à l'école laïque, à ses livres, à ses maîtres.

La conclusion fut que les pères de familles reconnurent qu'ils ne savaient rien du livre incri-

miné, et ils s'en allèrent un peu confus du rôle
qu'on leur avait fait jouer.

DANS LES VOSGES

15 décembre 1909

C'est des Vosges, aujourd'hui, que nous vient la
lumière. Un brave curé de là-bas, le curé d'Aouze,
dans sa simplicité évangélique, a bien voulu se
charger de la faire luire. Le manifeste des évêques
lui a-t-il paru insuffisamment clair ? La nécessité
s'est-elle fait sentir à son esprit d'un commentaire
explicatif, qui, précisant la méthode et l'esprit,
fût un guide plus sûr pour les téméraires auteurs
de quelques manuels à venir ? Bref, notre homme,
après un sermon dans lequel il avait dit à ses pa-
roissiens d'une manière générale la condamnation
prononcée par les évêques contre certains livres en
usage dans les écoles publiques, se crut obligé de
justifier cette condamnation d'une manière plus
particulière en ce qui concerne le livre d'histoire
dont on se sert à l'école d'Aouze, et il a mis au jour
un petit morceau de critique tout à fait intéressant.

Il s'agit de l'*Histoire de France* de Guiot et Mane.
Dès les premières pages, le bon curé y trouve à redire, et en même temps il affirme sa doctrine :

1° *La mission surnaturelle de l'Eglise* est laissée de

côté, sinon niée complètement dès les premières pages :—
« Le christianisme prêche de nobles et généreuses
idées, il proclame l'égalité parmi les hommes et demande la suppression de l'esclavage. » Avouez que
c'est peu pour une religion qui est essentiellement surnaturelle.

Et le curé-critique cite Clovis, son mariage, dont
les auteurs ne parlent pas à son gré.

D'ailleurs, continue en effet le manuel, les évêques
réalisent *leur projet* ; ils marient le chef franc avec
Clotilde, la seule princesse catholique de la Gaule.
Clotilde, saint Remi, emploient la douceur, la persuasion *pour convertir* le roi des Francs. Bientôt, la volonté
du ciel, *d'après les chroniqueurs*, se manifeste, etc.
J'ai souligné les mots importants pour mieux faire
voir comment l'auteur sait interpréter les faits dans un
sens qui atténue, dans l'esprit des enfants, la portée
du rôle apostolique, surnaturel, désintéressé, des premiers évêques.

Cela, c'est toute une doctrine historique et pédagogique, et je la recommande à vos méditations.
De Clovis, notre curé passe à Jeanne d'Arc. Les
auteurs consacrent à l'héroïne deux pages animées
de la piété patriotique la plus intense ; ils citent
la lettre de Jeanne au roi d'Angleterre, avant le
siège d'Orléans : « Roi d'Angleterre, rendez à
Jeanne, envoyée par Dieu, le roi du ciel... » Cela
ne suffit pas au curé d'Aouze, qui voit dans ce récit ému « encore une atteinte à l'esprit surnatu-

rel. », et comme les auteurs ont écrit : « Oui, Jeanne est une sainte, c'est la sainte de la France, son ange libérateur ! » il n'est pas satisfait.

Second grief du curé :

La mission sociale de l'Eglise, si elle est assez bien reconnue dans les premières pages du livre, est complètement méconnue à mesure que nous avançons vers les temps plus rapprochés de nous.

C'est qu'il y a quelque différence entre les temps du moyen âge et les temps modernes. Mais les auteurs du livre, en même temps qu'ils louaient le rôle civilisateur de l'Eglise, sa lutte contre la féodalité, ayant écrit que la royauté, pour lutter contre les grands vassaux, avait une excellente alliée, l'Eglise, les scrupules religieux du curé le portent à écrire : « Il ne faut pas être dupe », et la question est tranchée : ce que veut le curé, ce n'est pas une histoire impartiale, c'est une apologie.

Car voici le troisième grief, et le plus important de tous ceux qu'invoque le curé d'Aouze contre le livre de Guiot et Mane. Les auteurs n'ont-ils pas écrit : « Nous sommes aujourd'hui habitués à la plus belle des vertus : la tolérance. En effet, nous sommes fiers et heureux de respecter les croyances religieuses de notre prochain ? » Et le curé de faire, à ce sujet, les plus expresses réserves. Il faut citer, c'est un joyau :

Qu'on enseigne aux enfants qu'il ne faut pas faire

d'une croyance opposée à la leur un motif de persécution, c'est bien ; mais qu'on leur enseigne qu'ils doivent être fiers de respecter les croyances opposées à la
religion catholique, voilà qui est de trop. Les personnes,
non les croyances, ont droit à notre respect et à notre
indulgence, car, puisque la religion catholique est la
seule vraie, on ne peut accorder la même estime aux
autres religions ; on ne leur doit la tolérance qu'en
raison de motifs étrangers à la doctrine, car l'erreur est
toujours blâmable, de quelque façon qu'elle se présente ; la vérité seule a droit au respect sans restriction.

Monsieur le curé, c'est précisément pour affirmer une doctrine toute contraire que l'humanité
lutte depuis des siècles ; ce qui a droit au respect,
c'est la sincérité des individus, la probité de conscience et d'esprit avec laquelle ils se conduisent, et
s'il est un principe que nous avons le devoir d'enseigner dans les écoles de la République, que la
République a le devoir de vous obliger à enseigner
dans vos écoles, c'est la liberté de conscience absolue et l'égal droit de tous les citoyens au respect
de leurs semblables, quelle que soit la religion
qu'ils professent et si même ils n'en professent aucune, qu'ils soient catholiques, protestants, israélites, musulmans, bouddhistes ou libres penseurs.

Ce petit travail critique du curé d'Aouze a été
visé par le vicaire général de Saint-Dié, le 11 novembre dernier, imprimé et envoyé, sous pli
fermé, aux ouailles du curé. Il se termine ainsi :

Après ce court examen, il ne restera plus, je l'espère de doute à personne et tout le monde sera convaincu que l'histoire Guiot et Mane est justement condamnée.

Etonnerai-je le curé d'Aouze si je lui dis qu'un livre d'histoire écrit dans l'esprit et d'après la méthode qu'il professe serait plus sûrement et plus justement encore condamné par le conseil supérieur de l'instruction publique?

Pendant que le curé d'Aouze mettait au point cet instructif petit papier, le curé de Thaon et ses vicaires en faisaient imprimer un autre dans lequel, s'adressant directement à notre jeune et distingué collègue, M. Abel Ferry, ils lui demandent de faire respecter la liberté religieuse en s'associant à la condamnation des évêques. Ceux-là n'entreprennent pas une critique des livres. A quoi bon? « Du jugement des quatre-vingt-six évêques de France, juges compétents en matière religieuse, ces livres sont en contradiction avec la neutralité scolaire. » Et ça leur suffit.

Conclusion : il est bien inutile d'avoir des conseils universitaires, un ministre de l'instruction publique ; nos évêques en rempliraient très bien l'office. Ils le rempliraient trop bien.

ENCORE NOSSEIGNEURS

18 décembre 1909

Et cela arrive tout à fait à propos, au moment où les évêques proscrivent à l'envi les manuels scolaires, pour des raisons multiples dont la première est que les auteurs de ces livres croient un peu trop à la liberté de conscience et le disent.

Vous souvient-il que, l'an dernier, quelque bruit se fit autour d'un livre dû à M. Bureau, professeur à l'Institut catholique de Paris, et qui avait pour titre *la Crise morale des temps nouveaux*. Les gardiens sévères de la rigide orthodoxie s'émurent, et le livre fut mis à l'index. Le crime de l'auteur ? Oh ! vous pensez bien que ses audaces n'étaient pas extrêmes ; mais la liberté de penser et de dire, c'est une chose dont doivent soigneusement s'abstenir les hommes pieux qui professent à l'institut ; du moins, s'ils ne peuvent se dispenser d'exercer au jeu de pensée leur esprit, une prudence élémentaire leur commande-t-elle de ne le faire que dans les limites tracées par les évêques très sagaces qui les protègent. M. Bureau, sans doute, l'avait oublié. On le lui rappela. Humblement, il reconnut son erreur et se soumit.

Mais, en même temps qu'à l'Institut catholique, M. Bureau professait à l'école des hautes études

sociales. Incorrigible, s'avisa-t-il de s'aventurer là
sur un terrain interdit ? Son enseignement était-il,
comme avait été jugé son livre l'an dernier, perni-
cieux pour l'âme de ses auditeurs et la sienne
propre ? Le *Temps*, par qui nous avons connu ce
fait nouveau, nous a aussitôt rassurés. Non, on ne
demanda point compte à M. Bureau de son enseignement ; on s'inquiéta seulement des opinions
philosophiques et religieuses des autres professeurs
de l'école, et après que l'assemblée des évêques qui
veillent sur l'institut eut bien examiné ce cas redoutable, il fut décidé, à l'unanimité moins deux
voix, que M. Bureau serait invité à choisir entre sa
chaire à l'école des hautes études sociales et celle
qu'il occupe à l'institut.

Mais quels sont ces autres professeurs, ces
hommes dont la rencontre est si mauvaise qu'il la
faut tenir pour une damnable contagion ? Frémis-
sez, car c'est horrible à dire. Le premier nommé
d'entre eux est M. Anatole Leroy-Beaulieu. Ce
docte membre de l'Académie des sciences morales
et politiques, collaborateur de la *Revue des Deux-
Mondes*, a été peut-être surpris d'apprendre qu'il
était considéré par les plus experts des membres
de notre épiscopat comme une liaison dangereuse
susceptible de pervertir l'âme même et l'esprit des
professeurs de l'Institut catholique. C'est un triste
sort, mais cela est arrivé !

Parmi les autres personnalités que M. Bureau
était exposé à coudoyer malencontreusement, le

Temps cite encore M. Théodore Reinach. Celui-là, messeigneurs, je vous le livre. Erudit, s'il en fut, académicien lui aussi, député par surcroît, et connu un peu partout pour la parfaite modération de son esprit. Evidemment, c'est un homme à fuir comme la peste.

Le troisième est le pasteur Wagner, dont on sait les livres d'une très belle inspiration morale, très haute, très noble. L'*etc.* qui termine la courte énumération du *Temps* en cache d'autres, qu'il serait dommage de ne pas faire connaître : M. Croiset, doyen de la Faculté des lettres, M. Ferdinand Buisson, des professeurs à l'école de droit, M. Deschanel, M. Vidal de la Blache. Je crois même que, dans le programme des cours de cette année 1909-1910, figure le nom de M. Ribot.

Vous vous expliquez très bien dès lors que le directeur de l'Institut catholique, en informant M. Bureau de la décision des évêques, lui ait fait comprendre qu'elle constituait à son adresse un blâme « de se compromettre dans un milieu aussi peu favorable à l'Eglise ».

Et cela est très bien, et je ne m'en plains pas du tout. Les évêques mettent à nous édifier sur ce que serait leur gouvernement, si jamais le suffrage universel s'oubliait un instant à l'ombre de leurs crosses, une attention persévérante et méticuleuse dont nous serions ingrats de ne pas leur témoigner notre reconnaissance.

Il y a une quinzaine de jours, M. Dadolle,

évêque de Dijon, discourant, dans un congrès diocésain, sur les manuels et la neutralité scolaires,
disait à propos des instituteurs : « Maîtres d'école,
oui ; maîtres à l'école, non, jamais : » Qui sera le
maître, alors ? rappelez-vous l'école d'autrefois.

Quelques jours après, l'archevêque de Bordeaux
publiait une déclaration où on lisait ceci :

M. Briand accuse les évêques de faire la guerre à
l'école laïque ; s'il entend par école laïque l'école dirigée par des séculiers ou des séculières, l'accusation
est purement fantaisiste ; si, au contraire, il entend par
école laïque l'école impie, l'école où l'on enseigne que
nous avons le droit de choisir la religion qui nous
plaît, ou même de n'en professer aucune, M. Briand,
tout libre penseur qu'il est, ne peut trouver mauvais
que les évêques... etc.

Et c'est ainsi partout et toujours la même chose.
Vous ne serez pas libre de penser, vous ne serez
pas libre de croire ; avant de consulter votre raison, vous prendrez l'avis de votre évêque. Ne
dites pas que vous êtes un bon catholique, comme
M. Bureau, et que votre foi solide vous garantit
contre tout péril dans la société des hommes. Car
le malin est infiniment subtil, il s'insinue avec
une habileté diabolique. Si M. Leroy-Baulieu était
plus combatif, s'il était moins près de l'Eglise, sa
fréquentation pourrait être permise. En 1848, les
cléricaux de l'Assemblée renversèrent Carnot, ministre de l'instruction publique, pour avoir fait

imprimer le manuel des droits de l'homme et du citoyen de Renouvier, et Renouvier rappelait dans le manuel « l'ordre que Dieu a établi dans l'univers », et il terminait ainsi son premier chapitre : « N'oubliez jamais que le plus sûr moyen de faire connaître combien vous aimez Dieu, c'est de travailler de toutes vos forces au bien du prochain pour qui Jésus-Christ lui-même a donné sa vie. » En 1883, les évêques menèrent une campagne furieuse contre le manuel d'instruction civique de Compayré, et de tous les manuels en usage alors, c'est peut-être celui dont le spiritualisme était le plus net et le plus élevé.

En vérité, en vérité, je vous le dis : je commence à croire que nos évêques n'ont proscrit un certain nombre de manuels de morale et d'histoire que parce qu'ils les trouvent trop modérés.

LE PÉCHÉ DU CURÉ D'AOUZE

Au rédacteur de l'*Union républicaine*, d'Epinal.

29 décembre 1909.

Mon cher confrère,

Vous avez bien voulu me communiquer la nouvelle lettre que M. le curé d'Aouze, en sa fécondité, a pris la peine de vous adresser. Vraiment, si, po-

lémiste insidieux, j'avais voulu ou pu, par quelque
sortilège, dicter à cet excellent curé un petit manifeste de plus par où s'aggravât le cas où il s'est
mis, je n'aurais rien pu lui suggérer qui peignît
mieux son état d'esprit.

J'ai dit à son sujet « un brave curé » et j'ai parlé
de « simplicité évangélique ». Cela semble le vexer.
Je retire le tout, bien volontiers, mais l'idée singulière de ne vouloir être ni un brave homme, ni
évangélique !

J'ai écrit, en outre : « le curé d'Aouze », et non
« monsieur le curé d'Aouze ». On dit : le carrosse
du roi, l'épée du général, l'arrêté du préfet; il faut
dire : la calotte de M. le curé ! O humilité or-
gueilleuse ! Monsieur le curé, c'est le malin qui
vous pénètre ; défiez-vous ; à quels péchés ne pourrait-il pas vous conduire !

Péché d'orgueil, péché d'intolérance. Quiconque
connaît un peu la Bretagne sait que les « messieurs prêtres » de là-bas ne se privent pas du
second ; le curé d'Aouze veut-il nous prouver qu'il
commet chaque jour le premier ? Il nous assure
qu'ainsi il est bon catholique.

Monsieur le curé, monsieur le curé, on ne dit pas
ces choses-là.

Nous ne concevons pas, écrivez-vous, la tolérance de la même manière.

Cela se voit ; mais c'est que je suis tolérant et
que vous ne l'êtes pas du tout. Dans l'histoire,
vous voulez l'apologie, non le récit véridique et

l'appréciation des faits. Et j'admire comment vous partez en guerre sur Clovis, dont, je vous assure à mon tour, les enfants d'Aouze et leurs parents, et les hommes et les femmes, et les vieux et les jeunes, et ceux qui vont à la messe et ceux qui n'y vont pas, ne se soucient pas du tout.

De même, pour les évêques des xi⁵ et xii⁵ siècles. Combien de gens s'en inquiètent à Aouze et autres lieux? Parlons de ceux d'à-présent. Ils pensent et s'expriment comme vous, monsieur le curé; ils sont intolérants comme vous; l'esprit de domination les possède, ils voudraient être les maîtres, et j'ai quelque idée que de représenter à Aouze leur omnipotence, cela ne vous déplairait pas.

C'eût été possible en ces temps du moyen âge dont vous regrettez que Guiot et Mane, en leur histoire proscrite, n'aient point parlé plus dévotement. Autres temps, autres mœurs.

Des siècles de luttes ont émancipé les hommes. Ils prétendent à la liberté, liberté d'avoir les opinions, religieuses et autres, qui leur conviennent, liberté d'être catholiques, protestants, israélites, libres-penseurs, au gré de leur esprit, et, s'ils sont sincères, d'être également respectés.

Oui, je vous entends, vous distinguez entre les croyances et les personnes. Vous voulez bien condescendre à respecter celles-ci; dans celles-là, vous ne respectez que la vôtre, qui seule a droit, dites-vous, au respect sans restriction.

Mais cela, monsieur le curé, c'est précisément de l'intolérance, et je vous remercie d'en faire l'aveu.

En 1661, l'orateur de l'assemblée du clergé appelait l'attention de Louis XIV sur « cette malheureuse liberté de conscience qui détruit la liberté des enfants de Dieu », et il demandait que le roi « fît périr le mal peu à peu par le retranchement et la diminution de ses forces ».

Vous ne retranchez que le livre de Guiot et Mane : on fait ce qu'on peut.

Un siècle plus tard, l'orateur du même clergé insistait pour que Louis XVI « employât sa puissance à fermer la bouche à l'erreur ». La réponse de Louis XVI est à retenir. Il invita les évêques à coopérer au respect de la religion et au maintien des bonnes mœurs, « en donnant, dans leurs diocèses, des exemples propres à ranimer la foi et la pratique des vertus ».

Le conseil était sage.

Des appels plus ou moins furibonds à la guerre civile dans les villages, ce sont là des excès de zèle dont l'effet se retourne parfois contre ceux qui les ont commis ; mais « des exemples propres à ranimer la foi et la pratique des vertus », monsieur le curé, vous qui aimez tant à parler, pour la faire haïr, de la Révolution, dont nous glorifions les bienfaits, je vous concède que l'ancien régime eut une bonne parole ce jour-là.

LA NEUTRALITÉ SCOLAIRE

15 décembre 1909.

M. Poincaré ayant donné, dans le *Manuel général de l'instruction primaire*, une consultation, d'ailleurs très remarquable, sur la neutralité scolaire, M. de Mun n'a pu se défendre de publier dans l'*Echo de Paris* une contre-consultation. M. Poincaré avait cité Jules Ferry, reproduisant quelques-unes des déclarations faites, au cours des longues discussions auxquelles donna lieu la loi d'obligation et de laïcité, par le fondateur de l'école laïque, et il concluait en défendant l'école et ses maîtres contre les prétentions des évêques. M. de Mun reprend les citations de Jules Ferry pour les commenter dans le sens que vous imaginez, et il se prononce, lui, pour les évêques, contre les instituteurs et contre l'école.

M. Poincaré avait écrit :

La neutralité dans l'enseignement moral est, contrairement aux affirmations de la lettre pastorale, la sauvegarde nécessaire de la liberté de conscience, et, sincèrement observée, elle ne porte atteinte à aucune croyance religieuse.

M. de Mun, pour dire tout de suite sa pensée, donne pour titre à son article ces mots : « Le rêve de la neutralité. » C'est-à-dire : il n'y a pas, il ne peut pas y avoir de neutralité. Alors ?

Alors, M. de Mun refait à sa manière le procès du personnel enseignant et de l'école elle-même. Et l'intolérance du parti auquel il appartient s'affirme une fois de plus.

Une école neutre, dans laquelle il n'est point parlé de religion, dont l'enseignement est conçu de telle façon que la conscience d'aucun des enfants qui la fréquentent ne puisse être atteinte par telle ou telle considération sur les mérites comparés des confessions religieuses entre lesquelles se partage l'humanité, les fondateurs de l'école laïque ont cru, en la créant, faire œuvre profondément libérale. Erreur, selon M. de Mun. La France de 1881 était, dit-il, en majorité catholique ; l'école devait être catholique ; tant pis pour la minorité qui pensait différemment.

Nos évêques, et M. de Mun, en sont encore à l'état d'esprit où se trouvaient les chefs du parti clérical de 1879 à 1883. Et cet état d'esprit ressemblait étrangement à celui des évêques qui dénonçaient à Louis XIV « cette malheureuse liberté de conscience » par laquelle était détruite, disaient-ils, la liberté des enfants de Dieu. Dire à des enfants que les hommes sont libres d'avoir une religion ou de n'en pas avoir, que la dignité de l'individu consiste à être sincère et honnête homme, cela semble à M. de Mun en opposition avec le catholicisme, et par suite une violation de la neutralité. M. de Mun, je le reconnais, est en cela d'accord avec les évêques, et de savoir à quelles conditions on est un bon ou un mauvais catholique, je laisse bien volontiers aux évêques le soin de le dire, et à M. de Mun celui de le répéter. Mais il y a terriblement de gens, à ce compte, qui, en ce commencement du xxᵉ siècle, sont ou doivent être de bien mauvais fidèles.

Et c'est tant pis pour les évêques qui se mettent ainsi en opposition avec la plus élémentaire des libertés, la liberté de conscience, et c'est tant pis pour le parti qui leur emboîte le pas et bataille derrière eux.

Nous vivons en un temps et dans un pays où l'on prétend penser librement et parler comme l'on pense. Vous êtes croyant, mon ami ; c'est tout à fait votre droit, et selon que votre foi vous conduit à adhérer à telle confession religieuse ou à telle autre, allez à l'église, au temple, à la synagogue ; que si vous estimez vaines ces croyances et superflues les pratiques auxquelles toute profession cultuelle engage, allez ailleurs, où vous voudrez. Votre liberté est égale et entière aux uns et aux autres.

Et l'on n'enseignerait pas cela aux enfants? On doit l'enseigner à l'école laïque, on doit l'enseigner dans les écoles libres. Cet enseignement, il faut le donner avec grande correction de langage, c'est entendu. Mais prétendre que, donné ainsi comme un hommage à la conscience, à la raison de chacun des citoyens, il constitue une offense pour quelques-uns d'entre eux, quel aveu de l'étrange conception que se font certains hommes de la vie contemporaine! Quelle mentalité absolutiste! Quelle intolérance!

Celle des évêques, et des gens qui se font leurs complices, ne laisse, répétons-le, rien à désirer. Ils veulent mal de mort à l'école laïque; l'an dernier, ils lui reprochaient de violer la neutralité; cette année, ils lui font un crime d'exister. Pour donner à leur condamnation un semblant de raison, ils incriminent son enseignement. D'abord la morale. Il paraît qu'on ne peut énoncer aucun précepte de morale, ni l'expliquer, ni le justifier, sans évoquer devant l'enfant qui écoute et réfléchit la silhouette de M. le curé, lequel, gendarme du Tout-Puissant, menace des flammes éternelles le délinquant à ses préceptes et promet, au contraire, toutes les gâteries du paradis au petit homme obéissant. Cela, c'est une morale très pure, très élevée.

J'en demande bien pardon à ces moralistes très utilitaires; mais, sans le ciel ni l'enfer, sans promesses ni menaces, on peut former la conscience de l'enfant à la pratique d'une morale humaine très droite, très belle, très simple, la morale de tous les honnêtes gens, quelle que soit la religion à laquelle ils appartiennent, et même s'ils n'appartiennent à aucune.

Mais la morale a longtemps voisiné avec la religion qui la dominait ; les évêques se croient toujours en ce temps-là. Mais l'histoire ? Les livres proscrits par les évêques sont presque tous des livres d'histoire. L'an dernier, on avait condamné jusqu'à des grammaires. Quelle autorité particulière peut avoir un évêque pour statuer en la matière ? Je raconte à des enfants l'histoire de Clovis, celle de Charlemagne. Si cet évêque, qui m'écoute, est un savant homme, il peut me dire que je fais erreur ; mais a-t-il raison par le seul fait qu'il est évêque ? L'onction qu'il a reçue le-qualifie-t-elle tout de suite pour me reprendre, me condamner sans la moindre onction ? Quoi, parce que cet homme est évêque, il aura qualité, autorité, pour apprécier, juger, condamner la manière dont tel auteur en son livre, tel maître en sa leçon orale, exposent les événements ? Il jugera de par son autorité dogmatique comme il ferait en matière de discipline ecclésiastique ? Pourquoi ne s'immiscerait-il pas aussi dans l'enseignement de la géographie ? Le catéchisme raconte que Dieu a créé le ciel et la terre en six jours et se reposa le septième ; la géologie donne à penser qu'il a fallu un peu plus de temps. Pourquoi ne proscriraient-ils pas la géologie ?

Mais revenons à M. de Mun. « La neutralité était un rêve, dit-il ; il est évanoui. » Alors ? Alors il faut faire génuflexion et vous soumettre à la loi des évêques, vous, les maîtres qui enseignent à l'école, les enfants qui la fréquentent, et l'ensemble des citoyens.

Voire ! disait Panurge. Si vous le voulez bien. nous attendrons.

LES ÉVÊQUES, LA LIBERTÉ DE CONSCIENCE ET LA RÉPUBLIQUE
(1681-1909)

25 novembre 1909.

Il faut rendre justice aux évêques. Leur attitude est en parfait accord avec celle de leurs prédécesseurs. Ils sont ce qu'ont été ceux-ci, ils parlent comme eux. Ils ont le même sentiment de l'autorité qui devrait leur appartenir, des droits de l'Eglise à l'omnipotence et du devoir de soumission qui incombe au pouvoir civil et à l'ensemble des laïques, dont nous sommes. Entre le langage des évêques du temps de Louis XIV et celui que tiennent nos évêques d'à-présent, sous le pontificat de Pie X, quelle différence, au fond, pourrait-on trouver ? La grande affaire alors était de réduire les protestants, et comme Henri IV leur avait accordé l'édit de Nantes, c'est-à-dire la liberté de pratiquer leur culte, on s'avisa un beau jour de prétendre que l'édit n'était qu'un accident, une concession inspirée par les circonstances en attendant le moment désiré où tous se convertiraient à la vraie religion. Parlant net, l'assemblée générale du clergé disait au roi en 1681 :

Nous ne demandons pas, sire, à Votre Majesté qu'Elle bannisse de son royaume *cette malheureuse liberté de conscience qui détruit la liberté des enfants de Dieu,* par ce que nous ne songeons pas que l'exécution en soit facile, mais nous souhaiterions au moins que ce mal ne fît pas de progrès...

Près d'un siècle plus tard, en 1775, l'orateur du clergé suppliait Louis XVI de daigner considérer « que la liberté de penser et d'écrire versait le poison sur toutes les classes de la société », et le roi, « ministre de Dieu qui ne portait pas en vain l'épée », était invité avec tant de véhémence « à employer sa puissance à fermer la bouche à l'erreur » qu'il dut calmer ces ardeurs surchauffées en invitant les évêques à donner, « dans leurs diocèses, des exemples propres à ranimer la foi et la pratique des vertus ».

Du libéralisme de l'épiscopat sous la Restauration, rien à dire, n'est-ce pas? L'histoire enregistre la lutte du « parti prêtre » et du parti libéral, et ces deux mots, en leur antithèse, sont éloquents. C'est le temps de la loi du sacrilège.

On pourrait dire du règne de Louis-Philippe qu'il n'est qu'une longue bataille de l'Eglise contre l'Université. La bourgeoisie est voltairienne et ses fils sont élevés dans l'Université. Cousin, qui régente la philosophie, a beau faire les recomman-

dations de l'éclectisme le plus habile et de la diplomatie la plus savante aux professeurs qu'il envoie dans les collèges royaux : c'est par des
pamphlets d'une rare violence que, de 1840 à 1848,
les abbés qui écrivent au nom de l'Eglise s'efforcent de faire naître et de propager contre l'Université l'hostilité et la haine.

Quel curé du centre de la France accusait, ces
temps derniers, M. Calvet, auteur d'un manuel
d'histoire de France, d'être plus cruel qu'Hérode?
L'évêque de Chartres, devançant cet homme modéré, accusait l'Université de faire « un horrible
carnage d'âmes » et les professeurs de « transformer les enfants en animaux immondes et en
bêtes féroces ». Les écoles de l'Etat n'étaient que
des « écoles de pestilence ». Admirable mansuétude !

La majorité réactionnaire et cléricale de la Législative vote en 1850 la loi Falloux. Le clergé a la
haute main sur l'enseignement, il est le maître.
Ses récriminations, ses violences cessent ; mais
quand Duruy, plus tard, veut créer l'enseignement
secondaire des jeunes filles, on lui fait entendre,
par des propos significatifs, que l'Eglise attend du
ministre de l'instruction publique de l'Empire
une autre besogne que celle-là.

Enfin, la République l'emporte, et voici le ministère de Jules Ferry. Le Parlement discute, puis
vote les lois qui rendent l'enseignement primaire
obligatoire, gratuit et laïque. Ah ! messeigneurs,

quel beau tapage ! L'enseignement obligatoire ? Et bien, que fait-on de la liberté du père de famille ? Et s'il lui plaît, à ce père, de ne pas faire instruire son enfant, car la science, si minime qu'elle soit, peut induire en tentations dangereuses ! Le voilà bien, l'abus de l'autorité ! Quant à la laïcité, enfer et damnation ; ce Ferry dépasse l'Antéchrist.

Cependant la loi est votée. Des livres sont écrits, publiés, pour aider à l'enseignement que, en vertu de la loi, les maîtres doivent donner dans les écoles, livres de morale, d'instruction civique. Nouveautés dangereuses. Tout l'épiscopat s'ébranle de nouveau. Et nous avons une première édition de la campagne qui, depuis deux ans bientôt, se poursuit sous nos yeux. Les livres sont condamnés : un surtout est l'objet des anathèmes les plus violents, sans doute parce qu'il est un des plus modérés et se recommande par son large esprit de tolérance et l'élévation de sa doctrine, le manuel de Compayré. Le duc de Broglie interpelle Jules Ferry au Sénat. C'est une première édition de certains discours que la Chambre entendra prochainement au sujet des manuels d'à présent.

Une fois de plus, nos évêques viennent de condamner la neutralité scolaire, principe faux, disent-ils, principe désastreux. Pour le justifier, on invoque le droit de l'enfant : « L'enfant n'a pas de droit qui puisse prévaloir contre les droits de Dieu. » Et qui exercera ces droits ? Vous l'entendez bien, ce sont les évêques.

Le droit du père de famille, cette fois, est écarté. Arme à deux tranchants, car il y a des pères de famille républicains. Les cardinaux, archevêques et évêques qui ont signé le dernier manifeste renoncent à ce vain subterfuge. Ni droits de l'enfant, ni droits du père, rien que les droits de Dieu. Et Dieu a ses ministres qui parlent en son nom, et nous n'avons qu'à obéir.

Méditez cela, je vous prie, car cela dépasse l'ordre scolaire.

Les évêques de Louis XIV déploraient « cette malheureuse liberté de conscience qui détruit la liberté des enfants de Dieu », et M. Andrieu, cardinal-archevêque de Bordeaux, dénonce « l'inqualifiable abus de confiance » commis par les instituteurs qui enseignent que « nous avons le droit de choisir la religion qui nous plaît le plus, ou même de n'en professer aucune ». Même inspiration, même pensée, presque la même expression.

Et si je n'ai pas le droit de choisir une religion, comment aurais-je le droit de choisir un parti ? N'ayant pas le droit d'être, au gré de mon imagination ou de ma raison, catholique, protestant, israélite, musulman ou simplement libre penseur, comment pourrai-je prétendre à être républicain, s'il plaît à mon évêque que je sois royaliste ?

Dans la pratique de chaque jour, au village, comment des préceptes de ce genre se traduisent-ils ? Par les pires violences morales exercées sur des parents et sur des enfants, toujours au détriment de ces derniers, innocentes victimes.

Il y a des mesures à prendre contre ces actes de pression, contre toute cette propagande. La Chambre en sera saisie prochainement, et la majorité républicaine ne faillira pas à son devoir.

D'avance, certains évêques crient au martyre, prêts orgueilleusement au sacrifice. Effort verbal inutile et un peu ridicule.

Ce qui est en jeu, ce qu'ils ont mis en jeu, c'est la liberté de conscience. Ils la nient, nous l'affirmons. Nous en revendiquons l'enseignement, comme le devoir nécessaire qui s'impose envers tous les enfants de la nation, dans un sentiment de paix et d'harmonie. L'école laïque, telle que l'a faite la République, telle que nous entendons la maintenir et la développer, est une école de fraternité. Qui dit esprit laïque, dit esprit de tolérance, esprit de liberté. C'est par la tolérance, c'est par le respect mutuel de la conscience et de la liberté des uns et des autres que nous voulons travailler au progrès social.

Et si, dans les luttes prochaines, on voit toutes les réactions groupées par le mot d'ordre clérical, toutes les fractions du parti républicain, sans distinction de nuances et de tempéraments, quelles que soient les doctrines particulières, auront un même sentiment, proclameront un même programme pour l'école laïque, principe de vie de la République.

MERCI BIEN

8 janvier 1910.

Tous les docteurs du parti y passeront. Après les évêques en titre, les pseudo-évêques. Le même esprit les anime, la même hostilité contre l'école laïque et son principe. M. de Mun dénonçait l'autre jour, dans l'*Echo de Paris*, le « rêve » de la neutralité ; M. Delafosse vient de disserter à son tour, dans le *Gaulois*, sur le « sophisme scolaire ». Tout cela à propos de l'article de M. Poincaré paru dans le *Manuel général* sur la neutralité scolaire.

Rêve, avait dit M. de Mun, et l'expression, encore que l'auteur exposât très nettement sa doctrine, qui est, comme on sait, la suprématie du gouvernement de l'Eglise et le devoir de soumission pour les simples mortels, ne laissait pas de contenir une sorte d'hommage à la pensée laïque. M. Delafosse dédaigne ces finesses de langage. Pour lui, la neutralité n'est que la « plus chimérique des fadaises », et si vous prenez Jules Ferry pour un homme d'Etat, vous vous trompez étrangement : ce ne fut qu'un politique « étroit et borné », qui brisa « cet admirable instrument de discipline sociale » qu'était l'éducation religieuse, et pour quel profit?

pour quel plaisir? pour « émanciper la démocratie en démuselant ses vices ».

Et voilà. M. Delafosse n'aime pas la « bête démocratique » ; elle a de « furieux appétits » qu'il faut contenir. Or, un moyen existait, auquel on pourrait recourir encore, pour « prévenir ou réfréner ce déchaînement de bestialité », c'est la religion, merveilleux instrument de gouvernement. Les philosophes peuvent bien discuter et même disputer entre eux ; leurs théories passent au-dessus du commun des hommes ; ce sont agitations vaines ; mais la masse, le nombre, la foule, c'est à la solide discipline que donne la pratique religieuse qu'il convient de les façonner; ils sont faits pour obéir.

M. Poincaré n'a pas semblé s'en douter. C'est qu'il a négligé de se faire, avant d'écrire, « une âme d'évêque » ; s'il avait pris cette précaution, comme les choses lui seraient apparues sous un autre aspect ! Tout de suite, il aurait vu que « la plupart des pères et des mères de famille sont incapables de connaître les livres scolaires et de les juger », et que, par suite, les évêques avaient bien « le droit et le devoir » de condamner ces livres, car c'est la fonction primordiale d'un confesseur de la foi de s'opposer « à l'infection de l'enfance et de la jeunesse ».

L'infection, vous le pensez bien, c'est l'enseignement de l'école laïque. Nos évêques nous l'avaient déjà dit, M. Delafosse le répète avec une brutalité savoureuse. Mais les premiers ne nous avaient pas encore signalé l'incapacité absolue des parents à surveiller l'enseignement donné à leurs enfants. Que vont dire les cléricaux irréfléchis qui poussent à la formation d'associations de pères de famille ? Combien irréfléchis, certes, car ces associations pourraient être composées de parents républicains et alors ? M. Delafosse ne tombe pas dans ces inconséquences. Arrière, les parents, et place aux compétences, place à la seule autorité qui sache discerner votre intérêt et prononcer, place aux évêques !

Je ne nie pas que ce ne soit là un système très clair, très simple. Trop simple, même. Si M. Delafosse, se conformant au conseil qu'il regrettait que M. Poincaré n'ait pas suivi, s'était fait, pour un instant, une âme d'homme de son temps, il n'aurait pas manqué de s'apercevoir du vice de son système et que, au début du xxᵉ siècle, c'était un assez audacieux paradoxe de prétendre soumettre les hommes à la loi étroite d'un dogmatisme ecclésiastique.

M. Delafosse a préféré conserver l'âme de M. Delafosse, et il nous dit ainsi des choses intéressantes. Il admet qu'on peut enseigner quelques sciences, tels la géométrie et le système métrique, sans manquer à la neutralité ; mais pour l'histoire et la morale c'est, à l'entendre, impossible. « Le plus honnête homme, pour peu qu'il ait au cœur une passion politique ou confessionnelle, ne se retiendra jamais de la laisser paraître ». Et c'est pourquoi il faut interdire cet enseignement à tous les honnêtes gens qui ne sont pas du parti politique ou religieux de M. Delafosse, et en donner le monopole aux seuls représentants autorisés de l'Eglise, dont la passion, étant seule à se produire, ne pourra avoir que les plus heureux effets.

D'abord, il y aura paix et non guerre. Tout le monde pensant et sentant de la même manière, agissant conformément à la même règle, obéissant à la même parole, ce serait parfait : le troupeau évangélique. Au lieu que l'école laïque « ne fait et ne peut faire que la guerre ». Paul Bert et Jules Ferry, lorsqu'ils ont donné autrefois des instructions pour l'observation de la neutralité, ont commis tout simplement « des actes d'hypocrisie ». Ils étaient atteints d' « insanité professionnelle ». M. Delafosse, qui a le souci de la moralité publique et se demande avec effroi « ce que devient la nation », se garde de pareilles erreurs. Un système d'éducation qui tend à ouvrir l'esprit des enfants et, par l'incessant appel à la raison de chacun, à les préparer à la liberté, c'est purement de l'anarchie; c'est la porte ouverte à toutes les incongruités et à « toutes les lèpres de l'esprit humain ». Fermez cela bien vite.

D'où vient le mal présent ? De ce qu'il y a « deux hommes chargés de l'éducation de l'enfance », le curé et l'instituteur. L'enseignement que M. Delafosse prête au second, vous l'imaginez ; l'antipatriotisme n'en est pas exclu, et il eût été dommage que notre auteur ne ramassât pas cette rengaine, contre laquelle ont protesté depuis longtemps et avec énergie les membres du corps enseignant. Dualisme fâcheux. La France en meurt, dit M. Delafosse. Le moyen de la sauver ? C'est de supprimer l'instituteur, de le ramener tout au moins à la condition que lui avait faite M. de Falloux et qui dura de 1850 à 1882 : heureux temps où, humble et soumis à l'autorité de l'Eglise, l'instituteur chantait au lutrin et ne se risquait point à l'école à parler de ces nouveautés dangereuses : la tolérance, le droit de croire et de ne pas croire, le respect des sincérités quelle que soit la croyance, c'est-à-dire le droit de l'individu à la liberté et le devoir de respecter chez autrui la même liberté.

C'est à ce retour que M. Delafosse nous convie. Merci bien.

LES DERNIERS PROPOS DU CARDINAL

14 janvier 1910.

M. Andrieu, cardinal-archevêque de Bordeaux, a le manifeste facile. Il ne se passe pas de mois depuis quelque temps, qu'il ne nous fasse part, sous une forme ou sous une autre, des pensées que lui suggère la lutte entreprise par l'épiscopat contre l'école laïque, c'est-à-dire contre la République,

et dans laquelle il tient à ne pas nous laisser ou-
blier qu'il joue l'un des tout premiers rôles. Lorsqu'il n'était encore qu'évêque de Marseille, sa
fougue habituelle s'était traduite en propos reten-
tissants ; l'inspiration qui règne au Vatican lui en
sut gré, et quand mourut le cardinal Lecot, c'est
par un avancement notable qu'il fut récompensé.
Contraste piquant. Le défunt archevêque de Bordeaux, dont il est bien permis de dire que la foi catholique était orthodoxe et pure, — songez donc,
un prince de l'Eglise ! — avait, dans un louable esprit de modération, visiblement fait effort pour
concilier les hommes et les choses et accommoder le
sort de l'Eglise et du clergé aux conditions nouvelles. Il semble bien que le clergé bordelais n'avait
pas eu trop à s'en plaindre. Mais quoi ? En régime
de séparation, ne pas protester matin et soir et le
jour et la nuit, ne pas emboucher la trompette
guerrière, tâcher de vivre en paix, laisser entendre
par là que, avec un peu de bonne volonté et le
sentiment du caractère et des nécessités de l'heure
présente, l'existence était tout de même possible
pour le clergé sous la loi de 1905 : tête et sang,
mort et damnation ! Le nouvel archevêque prit le
contre-pied de son prédécesseur, défaisant ce que
celui-ci avait fait, et quant aux mandements et
aux discours, les ordonnant tels que le plus ardent des moines ligueurs d'autrefois n'aurait rien à
lui envier.

Ne nous en plaignons pas. Cela est d'une clarté

parfaite. Si les fidèles du cardinal-archevêque n'ont pas à se creuser la cervelle pour savoir ce que le prélat attend d'eux, nous sommes, nous aussi, tout de suite avertis. Il vous souvient de cette déclaration que fit le cardinal, il y a quelques semaines, par laquelle était condamnée toute école où l'on enseignerait « que nous avons le droit de choisir la religion qui nous plaît, ou même de n'en professer aucune ». C'est franchement absolutiste, intolérant. Chacun sait à quoi s'en tenir.

Ces jours derniers, le cardinal discourait devant son clergé. Cette fois, il était question des élections. Dans quelques semaines, la parole sera au suffrage universel. Le clergé interviendra-t-il dans la lutte ? N'en doutez pas ; mais de quelle façon ? Il semble que le cardinal ne soit pas très rassuré sur le résultat final. « Est-il opportun, dit-il, que le clergé se mêle aux luttes électorales ! Je ne le crois pas. Son intervention, sur ce terrain, compromettrait la cause religieuse, au lieu de la servir, et il souffrirait dans son patriotisme et dans sa foi d'avoir amené une défaite en cherchant à préparer une victoire. » Tout de même, M. Andrieu ne peut bannir de son esprit le souvenir des luttes passées ; le sort fait par le suffrage universel au parti clérical pèse sur lui.

Le clergé se bornera donc à « préparer la victoire », et pour cela n'est-il pas qualifié ? « Prédicateur attitré de la morale civique comme de la morale religieuse et de la morale sociale », le clergé multipliera les prêches, les exhortations, unissant, dans une mixture savante, la politique et la religion, celle-ci naturellement ayant le pas sur celle-là, dont toute la raison d'être est de servir la première et ceux qui la représentent.

Et l'archevêque indique toute une hiérarchie d'organisations, comités paroissiaux, comités cantonaux, comité diocésain « qui donne l'impulsion et la direction », si bien que nul ne s'y trompera, ce sera l'armée ecclésiastique et cléricale en marche, cardinal-archevêque en tête.

Cela, en d'autres diocèses, on nous l'a déjà dit. Mais tous ces gens partis en guerre, que vont-ils réclamer ? D'abord « des écoles catholiques à la disposition des catholiques ». Cela existe, direz-vous. Pardon, monseigneur entend que ce soit l'Etat qui lui fasse ce don, et si vous pouviez avoir quelque doute sur ce qu'il faut entendre par « école catholique », vous serez pleinement édifiés quand vous saurez que l'archevêque réclame le droit d'en prendre les maîtres même parmi les congréganistes. Le clergé étant « prédicateur attitré de la morale civique », vous voyez d'ici quelle instruction civique on donnerait dans ces écoles, quel commentaire explicatif serait fait de la tolérance, du principe et de la pratique de la liberté de conscience. On a pu juger, par les extraits qui ont été publiés des livres en usage dans les écoles libres, du caractère particulier de l'enseignement donné aux élèves qui les fréquentent, de l'étrange déformation des faits historiques ; que serait-ce alors ? M. Andrieu estime que la liberté de l'enseignement existera seulement à ce prix. Ce serait le plus sûr moyen d'établir un antagonisme entre les enfants d'un même village, entre leurs parents ; ce serait en germe la guerre civile organisée. Or, c'est précisément pour éviter cet antagonisme, pour prévenir toutes luttes de ce genre, que l'école laïque a été instituée, dont l'enseignement, s'adressant à tous les enfants, est conçu dans un grand et fécond esprit d'union, de paix sociale et d'harmonie.

Mais l'entretien de ces écoles par l'Etat, comment se ferait-il ? Eh bien, voici : les évêques organiseraient les écoles à leur gré, et le budget de l'instruction publique serait réparti, proportionnellement au nombre de leurs élèves, entre les écoles des évêques et celles de l'Etat. Je n'examine pas si le racolage au profit des premières se ferait sur une vaste échelle, comme la plus pieuse des entreprises, et par quels moyens, et si l'on ne nous dirait pas ensuite qu'un effort de l'Etat dans l'intérêt de ses écoles est incompatible avec son rôle et sa dignité : c'est une question qu'on peut examiner à loisir et sur l'ingéniosité de laquelle vous êtes fixés. Mais oyez la formule de l'évêque : « La répartition proportionnelle doit être inscrite dans le code de la France à côté de la représentation proportionnelle. »

Deux proportionnelles à la fois, sous la bénédiction de l'archevêque, qu'en dites-vous ?

L'ENSEIGNEMENT DU DÉBAT

15 janvier 1910.

Le débat sur l'école touche à sa fin (¹). Vraisemblablement, la Chambre, après avoir entendu cet après-midi la suite du discours de M. Jaurès, puis M. Aynard, prononcera la clôture de la discussion. Onze séances auront ainsi été consacrées à ce débat qui n'aura pas été inutile.

Le premier résultat obtenu a été la démonstration que les griefs articulés par les évêques et à leur suite par les militants du parti clérical contre l'école laïque et son enseignement ne reposaient sur rien. La guerre aux manuels, les évêques l'ont déjà faite, il y aura bientôt trente ans, avec la même intransigeance de doctrine et le même dogmatisme intolérant, et l'on avait constaté, dans la

(¹) L'occasion de ce débat avait été le dépôt de quatorze interpellations relatives à l'école publique, à l'école privée et au personnel enseignant. La discussion, commencée le 14 janvier 1910, se termina le 21 janvier par le vote de l'ordre du jour suivant :

« La Chambre, confiante dans le gouvernement pour défendre contre tous leurs adversaires l'école laïque et le personnel enseignant, et résolue à discuter, avant de se séparer, les projets de défense de l'école laïque, repoussant toute addition, passe à l'ordre du jour. »

bouche des orateurs et sous la plume des polémistes du parti, les mêmes accès de violence. Le manuel d'éducation civique et morale de Compayré était empreint, du commencement à la fin du volume, d'une parfaite modération ; très spiritualiste, très respectueux des croyances ; mais l'auteur s'étant avisé de dire que lorsque deux conjoints ont été déclarés unis par le maire, ils sont « bel et bien » mariés, on cria furieusement au scandale. Ah! le beau tapage, dont quelques-uns d'entre nous peuvent se souvenir encore. Le duc de Broglie interpella Jules Ferry au Sénat. Sauf qu'il fut moins long, le débat parlementaire ne différa guère de celui d'à-présent. Ce fut pour le pays attentif le même spectacle ; l'Eglise, toute frémissante encore de la défaite qu'elle avait subie lors du vote des lois scolaires, menant une tempête de tous les diables parce que l'auteur d'un excellent petit livre scolaire avait constaté, après combien d'autres, ce qui était un fait depuis quatre-vingts ans, la validité légale du mariage civil. Tant de bruit pour cela ! La France haussa les épaules, et l'école laïque, apaisante et moralisatrice en son haut enseignement de la tolérance, continua son œuvre.

Second résultat : en regard de l'enseignement laïque, attaqué avec tant de violence et de passion et si peu de raison, un enseignement singulièrement suggestif donné dans les écoles libres. Ah ! messeigneurs, vous n'aviez pas lu certainement les livres que si légèrement vous vous accordiez à condamner ; vous aviez encore moins réfléchi au caractère et à l'esprit de ceux qui étaient en usage dans vos propres écoles. Quelle négligence ! Ce soin que vous auriez dû prendre, M. le ministre de l'instruction publique s'en est acquitté à votre place. Et les trouvailles qu'il a faites ! Non, vous ne songiez pas à l'effet qu'il produirait sur la Chambre et le pays s'il prenait la peine de les exposer tout au long, dans la plus suggestive des comparaisons. La presse cléricale n'applaudit pas au démonstratif discours de M. Doumergue. Je le crois bien. L'exposé philosophique le plus élevé, l'éloquence la plus entraînante n'eussent rien été à côté de la brutalité saisissante en sa simplicité de ce déballage des beautés de l'enseignement libre. Quoi ! Ces évêques qui se plaignent de la façon dont nos instituteurs enseignent l'histoire, c'est sous leur bénédiction qu'on la présente et qu'on la commente ainsi, et voilà leur façon de faire donner l'instruction civique ! Ah ! mais, il faut voir cela d'un peu près.

Et c'est le troisième résultat de ce long débat, la nécessité apparaissant ainsi comme un devoir impérieux pour l'État républicain de réclamer des dispositions législatives nouvelles, en vertu desquelles plus exacte et plus attentive deviendrait la surveillance d'un tel enseignement. M. Doumergue a annoncé le dépôt très prochain d'un projet de loi qui s'ajoutera, pour les compléter, à ceux qui sont déjà devant la Chambre. M. le président du conseil l'a dit vendredi excellemment : il y a là une œuvre à accomplir de préservation du cerveau et de la conscience des enfants, dont le caractère d'urgence, disait-il, ne vous échappera pas. La Chambre tiendra certainement à examiner ces projets, à les discuter, avant de se séparer.

Nous verrons de nouveau les orateurs du parti clérical apporter leur thèse à la tribune. Seront-ils plus logiques qu'ils ne l'ont été ces jours derniers ? La thèse exposée, auront-ils le courage de conclure ? Qu'importe ! M. Gayraud nous a expliqué en quoi consistait le pouvoir dogmatique de l'Eglise, et comment les catholiques étaient tenus à l'obéissance absolue envers les évêques. Or, les évêques revendiquent pour l'Eglise, c'est-à-dire pour eux, le droit exclusif d'enseigner. Conclusion : il faut fermer toutes les écoles publiques et remettre au pape les pouvoirs de M. le ministre de l'instruction publique, aux évêques ceux des préfets, des recteurs et des inspecteurs d'académie, et dans chaque commune remplacer l'instituteur par le curé. M. Piou a déclaré solennellement que lui et son parti ne céderaient pas ; je ne sais plus quel évêque s'était déclaré prêt à la gloire et aux tortures d'un martyre que nul ne songeait à lui infliger ; ce sont là attitudes déclamatoires et faciles. Mais la conclusion logique, tout de même, nul n'a osé la formuler, tant il saute aux yeux que cela eût été contre le bon sens et le sens commun du temps présent.

Et dans ce muet aveu de l'impossibilité, pour qui que ce soit, à une tribune française, fût-ce le plus catholiquement et cléricalement qualifié des hommes, de soutenir l'affirmation dogmatique des évêques, ne pouvait-on saisir l'indice non équivoque de l'embarras très grand où les évêques avaient imprudemment jeté leur parti ? On a dit que les évêques avaient reçu de Rome l'injonction de manifester et que, si tous avaient marché, plus d'un ne l'avait fait qu'à regret. M. Gayraud nous a juré qu'il n'en était rien, et pour preuve il a bien voulu nous dire sa participation à l'élaboration du manifeste et de la condamnation des livres. Je crains qu'il n'ait, en somme, démontré que le parti pris avec lequel ces condamnations sont prononcées, — d'après la tendance générale du livre et au seul vu du nom de l'auteur, avant toute lecture du livre. Mais l'acte des évêques eût-il été spontané, librement accompli, la gêne de la droite était visible. Mais quoi ? Lâcher les évêques, leur laisser la responsabilité d'une sottise, y pensez-vous, Seigneur Dieu ? De là, selon le tempérament des hommes, le ton des plaidoyers.

Ce fut extrêmement intéressant.

La conclusion, elle sera pour le pays dans cette constatation qu'a faite vendredi soir M. le président du conseil : il s'agit d'un plan d'ensemble pour susciter le désordre dans tous nos ordres d'enseignement, à l'école, au lycée, à la faculté ; on veut la bataille, la bataille âpre, brutale, la bataille de tous les instants.

Et entre le parti républicain groupé autour de l'école laïque et toutes les réactions réunies, bon gré mal gré, sous la crosse des évêques, le pays a déjà choisi.

POUR L'ENFANT

27 janvier 1910.

Le débat est terminé. Il a été très complet, chaque parti disant sa doctrine et la manière dont il entend l'appliquer à l'éducation. Sur la conclusion, aucun doute ne pouvait exister. La majorité républicaine tout entière se réunirait en un faisceau compact pour affirmer son attachement à l'esprit et à l'école laïques et sa résolution d'examiner les moyens de défense nécessaires. C'est ce qu'elle a fait par son vote.

Dès que la discussion du budget sera terminée, la Chambre reviendra donc aux projets de loi déposés, il y a plus d'un an, par le gouvernement, et court-on le risque de trop s'avancer en disant qu'elle les adoptera ?

En quoi consistent ces projets ?

Le premier vise l'acte par lequel un enfant régulièrement inscrit à l'école publique serait empêché d'y recevoir l'enseignement sur l'une des matières déclarées obligatoires par l'article premier de la loi du 28 mars 1882 ou de se servir en classe du livre prescrit par l'instituteur et choisi parmi ceux dont l'usage est autorisé par leur inscription sur la liste départementale.

La loi du 28 mars 1882 a rendu l'enseignement primaire obligatoire. Le père qui n'envoie pas son enfant à l'école soit publique, soit privée, ou qui ne le fait pas instruire dans sa famille, peut se voir appliquer des pénalités déterminées par la commission scolaire d'abord, par le juge de paix ensuite. On a bien dit, lorsque la loi fut discutée, que cette obligation était une violation du droit du père de famille ; combien s'aviseraient aujourd'hui de prétendre sérieusement que le droit du père est méconnu parce que la loi l'oblige à remplir son devoir, le premier et le plus pressant des devoirs du père envers l'enfant, après le devoir de subvenir à ses besoins matériels ?

Le père a des droits sur son enfant, parce qu'il a des devoirs envers lui, et pour qu'il puisse remplir ces devoirs. Il est, si l'on peut dire, un débiteur avant d'être un créancier. Appelant ce petit être à la vie, il a pris tacitement l'engagement d'entourer de soins sa frêle existence, de veiller sur lui, de lui permettre de se développer, de grandir, et ce développement, c'est au double point de vue physique et intellectuel qu'il doit le considérer. Il a ainsi sur l'enfant une autorité de droit naturel. Une autorité sans limite ? L'enfant, alors, ne serait plus que la chose de son père, une sorte de propriété dont le père pourrait user et abuser. L'autorité du père a pour limite l'intérêt de l'enfant. Mais qui fixera cette limite ?

Tâche délicate assurément, qui appartient à la société, s'exprimant par la loi.

Un père ignorant peut n'éprouver aucun besoin de faire donner à son fils une instruction que lui-même n'a pas reçue ; nous entendons encore parfois quelques fanatiques déclamer contre la science perverse qui détruit ou pourrait détruire la foi ingénue des petits enfants. Il n'y a même pas très longtemps que ce langage nous a été tenu. La loi a sagement pourvu à ce que ce ne soit qu'une monstruosité verbale, et elle a énuméré un certain nombre de matières sur lesquelles il était indispensable à l'intérêt social et à l'intérêt de l'enfant que cet enfant fût instruit.

Des leçons d'instruction morale et civique, des leçons d'histoire de France doivent être données à l'enfant. Est-il supportable que ces leçons, l'enfant ne les reçoive pas ? C'est à cette question que répond le projet de loi.

Le père qui n'envoie pas son enfant à l'école est punissable ; le père qui envoie son enfant à l'école, mais lui dit, par exemple : « Tu n'apprendras pas la leçon de morale ou d'histoire », manque à son devoir de la même façon.

Mais les pères de famille qui tiennent ce langage, combien sont-ils ? Combien le tiennent d'eux-mêmes, sans qu'une suggestion s'exerce à leur

endroit, une pression souvent à laquelle, sans
s'exposer à un dommage réel, ils ne peuvent ou
n'osent échapper ?

Dans presque tous les cas qui se sont produits,
on peut assurer qu'il y a eu influence étrangère,
pression violente. L'erreur serait singulière si,
dans la répression de cette faute, on ne voyait que
le père. Il n'est presque toujours qu'un instrument,
une victime. A lui doivent aller toutes les indulgences, c'est à la volonté impérieuse devant
laquelle plie son libre arbitre que doivent s'appliquer toutes les sévérités.

Nul ne s'y est trompé. La loi projetée est une
loi de défense du père de famille contre les violents
qui veulent jouer de lui pour troubler l'école publique. Et c'est pourquoi précisément tant de
colères cléricales se sont déchaînées. Quoi ? La
loi frappera M. le curé ou son vicaire qui, au lieu
de vivre en paix dans une population paisible,
s'attache à soulever, dans un intérêt politique,
certains pères de famille contre l'instituteur, contre
l'institutrice, provoque le désordre dans l'école,
excite les enfants à la moquerie envers le maître,
à l'indiscipline ? Elle frappera Mme la vicomtesse,
qui veut proscrire de l'école laïque des livres dont sa
propre fille se sert au château, elle frappera l'évêque
dont les mandements lus en chaire transforment
l'église en foyer d'agitation politique et poussent
au mépris des lois ? Oui, parfaitement ; la loi fera
cela, et en cela elle protégera les pères de famille.

On a beaucoup parlé d'apaisement, en ces derniers temps. Rien n'est plus désirable que l'apaisement. Il ne s'agit que de savoir d'abord comment l'entendre. Nous l'aurions tout de suite si le parti républicain s'inclinait devant nos seigneurs les évêques et se soumettait à leurs directions; si nous rouvrions au clergé les portes de nos écoles, si nous lui rendions la place que M. de Falloux lui avait donnée autrefois dans les conseils de l'instruction publique, si nous acceptions ses suggestions pour la formation, à l'image de celle d'avant-hier, de la France de demain. Nous n'en sommes pas là.

Nous entendons travailler à l'apaisement d'autre manière : par le calme opposé à la violence, par le sang-froid des hommes et d'un grand parti en présence d'excitations parfois furibondes, par la modération, qui s'allie très bien à la fermeté dans les résolutions, par le souci du droit de l'individu et du droit de l'Etat, et devant un dogmatisme étroit et intolérant par l'affirmation des droits de l'esprit et de la raison.

Des mesures législatives sont nécessaires. Le pays qui sait à quels besoins elles répondent, avec quelle modération aussi elles ont été préparées, les a approuvées par avance. La majorité républicaine répondra à l'attente du pays. Elle s'est retrouvée, lundi soir, unie dans la même pensée. Elle persévérera dans cette union.

PROPOS DE CARÊME

13 février 1910.

Revoici le carême, avec la littérature toute spéciale dont cette période de jeûne et d'abstinence est chaque année l'occasion. Mandements épiscopaux pleuvent comme tombent les feuilles à l'automne, avec d'étroites prescriptions sur ce que l'on peut manger. L'archevêque de Reims vient, ainsi, d'annoncer aux fidèles de son diocèse qu'il leur permet, par faveur toute spéciale, de faire gras, mais à la condition expresse qu'ils ne réuniront jamais dans le même menu un aliment gras et du poisson. « Par cette défense, l'Eglise veut empêcher les recherches de la sensualité. » Les fidèles devront en même temps, mais cela toute l'année, sans distinction d'heure ni de jour, s'abstenir de lire les mauvais journaux, c'est-à-dire ceux qui n'ont pas reçu l'approbation de nos seigneurs les évêques. En même temps que la sensualité du corps, il faut fuir celle de l'esprit. L'archevêque pourchasse l'une et l'autre impitoyablement.

Tout cela n'est pas nouveau. Ce sont propos que l'on nous fait entendre tous les ans, et dont il y aurait naïveté à se montrer surpris. Mais vous souvenez-vous du manifeste collectif par lequel cardinaux, archevêques et évêques, tout l'épiscopat, s'élevaient, en septembre dernier, violemment contre les livres de morale et d'histoire mis entre les mains des enfants qui fréquentent les écoles laïques? Ah! la charge était menée avec entrain. C'était d'abord une condamnation totale, absolue, sans réserve, de l'école publique dans son principe, puis un réquisitoire sévère contre les maîtres et contre leur enseignement. En termes pressants, les parents étaient invités à surveiller de très près l'enseignement donné à leurs enfants. Livres, cahiers, leçons du maître, ils devaient tout suivre, tout contrôler avec le soin le plus attentif. « Outre le péril de la foi, il y a le péril de la vertu », et les évêques dénonçaient à la vigilance inquiète des parents certains des livres classiques « dans lesquels apparaît davantage l'esprit de mensonge et de dénigrement envers l'Eglise catholique, ses doctrines et son histoire ». Défense expresse était faite d'user de ces livres dans les écoles, et comme ce n'était pas assez, défense « à tous les fidèles de les posséder et de les lire ».

Mauvais journaux, mauvais livres, détestable nourriture pour l'esprit. Je ne songe plus à m'étonner du jugement et de l'interdiction. Je me demande seulement comment devrait s'y prendre le père de famille pour surveiller, comme l'y invitaient les évêques, l'enseignement que reçoit son enfant. « Rien de ce qui est mis entre les mains et sous les yeux de vos enfants ne doit échapper à votre sollicitude : livres, cahiers, images, tout doit être contrôlé par vous. » Le père prend donc le livre que rapporte son enfant et, entreprenant sa tâche de contrôle, se met à le lire. Mais il s'interrompt, relit le mandement, et s'aperçoit qu'il lui est interdit de posséder et de lire ce livre qu'il doit contrôler. Comment faire ? S'il lit, il désobéit à l'évêque ; s'il ne lit pas, il ne contrôle pas et désobéit encore. Cruel embarras.

Père de famille, qui ne peut se désintéresser de l'éducation donnée à son enfant, il doit lire, c'est certain ; sinon, il manque à son devoir. L'évêque le lui a dit ; c'est même pour le lui dire qu'ils se sont mis à quatre-vingt-six, plus M. l'abbé Gayraud, et ont réuni leurs plumes et leurs lumières. Le morceau est, par suite, très long, mais l'invitation est très clairement faite. On lui signale même l'avantage qu'il y aurait pour lui à se grouper avec d'autres pères de famille, à former une association. Notre homme va donc lire.

Oui, mais si le père de famille a le devoir de lire, le fidèle ne l'a pas du tout. Il a même le devoir tout contraire. Il ne peut ni posséder, ni lire le livre. Cela n'est pas dit avec moins de netteté. Et la peine est grave. Il y va de la privation des sacrements. Mort spirituelle et damnation.

Je vous entends : des deux prescriptions, c'est

la plus générale qui doit, en fin de compte, l'emporter ; c'est à celle-là qu'il faut obéir. Le père de famille doit disparaître dans le fidèle ; il ne doit ni posséder, ni lire le livre. Mais alors, on se moque de lui quand on lui parle de son droit et de de son devoir de contrôle ? Je n'y contredis point. Je crois même qu'on ne tient pas du tout à ce qu'il contrôle ; contrôler, c'est examiner, peser, réfléchir, juger, et s'il s'avisait, ayant lu, réfléchi, mûrement délibéré, d'estimer que le livre n'est pas du tout ce qu'on lui a dit, s'il le trouvait véridique, judicieux, bien écrit et bien pensé ? Cela peut être très dangereux.

Aussi, l'archevêque de Reims n'y va-t-il pas par quatre chemins. Mauvais livres, mauvais journaux, toutes lectures pernicieuses. Qui veut lire, d'ailleurs, est en continuel péril. Le poison, subtil, se glisse entre les pages du livre, entre les lignes du journal. Qui sait comment nos curiosités s'éveillent ? Et le moyen de les arrêter ? Le plus sûr pour se garer soigneusement de ce qui peut troubler la candeur de l'âme et la simplicité de l'esprit est un guide dans les mains de qui l'on se remet. Nos évêques s'offrent à être ces guides. Ils liront pour nous livres et journaux et nous dirons ce que nous pouvons lire. On pourra bien, ensuite, se demander pourquoi l'on continuerait de permettre aux auteurs et aux journalistes d'écrire, aux imprimeurs d'imprimer, aux libraires de vendre de mauvais livres et de mauvais journaux. Nos évêques et l'archevêque de Reims n'y verraient nul inconvénient.

Oui, mais nous ne sommes pas dociles, et nous sommes curieux ; nous voulons lire, nous prétendons au droit de juger par nous-mêmes, nous nous mêlons de raisonner, même sur les mandements épiscopaux. Si la bonne presse gémit chaque jour de son peu de succès, c'est que les forts tirages s'éloignent d'elle comme la faveur populaire ; on ne va plus au sermon, oral ou écrit : c'est peut-être la faute du sermon, singulièrement borné, étroit d'esprit et de sentiment ; vivant, on va où est la vie, avec toutes ses aspirations, l'effort chaque jour persistant pour le développement de l'individu et sa libération des forces oppressives du passé, l'affirmation de son idéal de liberté consciente, de raison agissante. Et contre ce courant nécessaire, tous les mandements épiscopaux et leurs prescriptions et leurs interdictions surannées ne feront rien.

MALHEUR DES TEMPS

19 février 1910.

Un congrès diocésain vient de se réunir à Paris sous la présidence de l'archevêque. On y a naturellement beaucoup parlé des écoles, des écoles

publiques et des écoles privées. Sur les sentiments du congrès à l'égard des premières, les
rapports lus en séance ne pouvaient rien nous
apprendre ; ce sont les sentiments qui ont dicté
aux évêques le manifeste retentissant que vous
savez. Mais sur les écoles privées, il a été dit des
choses fort intéressantes, dont nous pouvons faire
notre profit.

D'abord, ça ne va pas du tout. Il n'y a pas assez
de maîtres pour les écoles qui sont ouvertes et le
pis est que ces maîtres sont très insuffisants comme
qualité. Notez que ce sont, pour la plupart, d'anciens congréganistes sécularisés ou d'anciens
auxiliaires des frères. Et voilà qui pourrait, si
nous avions eu jamais le moindre doute à ce sujet,
nous ouvrir des horizons nouveaux sur l'excellence
de l'enseignement que distribuaient ces bons ignorantins dont on a si bruyamment reproché au gouvernement de la République de n'avoir plus toléré
l'existence comme congrégation. S'ils sont de qualité médiocre aujourd'hui, sans doute ils étaient
tels hier ; l'habit ne fait pas le moine, encore moins
fait-il l'éducateur. « Le pays ne comprendra jamais, disait Duruy. qu'avec trois aunes de drap
noir ou gris, un chef de communauté puisse faire
un dispensé militaire. » « Pas davantage un instituteur instruit et capable. « Le curé du Gros-
Caillou, dit un compte rendu, se demande si le
personnel n'est pas insuffisant comme qualité, à
en juger par le nombre de ceux qui ont des di-

plômes. » Que serait-ce si l'on jugeait par ceux qui n'en ont pas ?

Ce n'est pas tout. Ce personnel, c'est un tas de vieux. Les jeunes sont en minorité, et de toute cette médiocrité, ce qu'il y a de meilleur ne songe qu'à fuir, même les sécularisés. Le métier ne nourrit plus son homme. Qui donc me racontait dernièrement l'histoire d'une école privée fondée par un évêque fougueux dans une commune où le curé, homme pacifique, n'en demandait point et dont la direction, confiée à d'anciens congréganistes qui, toute humilité d'obéissance perdue, en prenaient à leur aise, fut le cauchemar du curé ?

Et le mal sévit sur les deux sexes. Les institutrices, nombre et qualité, donnent les mêmes soucis.

Le moyen de se tirer de là ? Un congressiste a signalé la surabondance de prêtres en Bretagne : que d'un prêtre superflu là-bas ne fait-on un instituteur à Paris ? Mais s'il y a trop de prêtres en Bretagne, il n'y en a pas assez à Paris, et la constatation de cette double pénurie ne résout pas la difficulté.

Augmentons les traitements, a dit l'un ; donnons des retraites, a dit un autre ; recourons à l'autorité, et quand, à la rigueur, on peut se passer ici d'un bon maître, transportons-le de force ailleurs, a suggéré un troisième. Tout s'est résumé dans ces mots : il faudrait de l'argent, beaucoup d'argent. et Panurge l'a dit, il y a longtemps : « Faute d'argent, c'est douleur non pareille. » Les bourses se sont ouvertes pour venir au secours des victimes de l'inondation ; mais qu'est-ce que le mal des eaux à côté de l'inondation des mauvaises doctrines ? Cette comparaison singulière faite par l'archevêque aurait-elle des résultats fructueux ?

On ne pouvait se dispenser de parler des livres condamnés par les évêques. Sur l'excellence de l'accueil fait par l'opinion publique à cette condamnation, il semble bien que les congressistes aient eu quelques doutes, car on a décidé la publication d'une brochure nouvelle pour éclairer l'opinion. Ce que n'ont pu faire les orateurs de la droite qui, à la Chambre, ont soutenu la cause des évêques, ni les journaux du parti, on espère que l'auteur de la brochure le fera. Dans un livre, il a découvert, paraît-il, que l'empereur Julien était présenté comme un grand esprit et un intrépide soldat, et c'est là, vous le sentez bien, une chose que l'on ne saurait dire sans violer la neutralité scolaire. Dans un autre, il a relevé cette phrase : « Le droit d'avoir ou de n'avoir pas de religion s'appelle la liberté de conscience. » Et il est clair qu'autrefois on a brûlé des gens pour moins que cela.

L'*Univers* nous apprend qu'on a fait un succès à l'auteur de la brochure. Par contre, on a été « moins exubérant » quand un chanoine est venu exprimer l'espoir que lui serait épargnée « la fâcheuse surprise de trouver en usage dans les écoles libres certains des manuels condamnés par l'épiscopat ». Cette froideur s'explique. Mais quel aveu ! Quelle condamnation de la condamnation ! C'est cela qu'il faudrait dire en tête de la première page de la brochure nouvelle.

Car, de toute la propagande entreprise, les résultats, jusqu'à ce jour, ne sont pas consolants. L'archevêque a pris la peine de le dire. C'est l'enseignement de l'histoire surtout qui l'inquiète. Il est donné de façon à inspirer une curiosité regrettable et sur les faits passés des appréciations qui pourraient être suggestives. Un curé lui a raconté que, interrogeant des enfants sur les motifs qui avaient poussé Luther à la Réforme, il en avait reçu, huit fois sur dix, cette réponse : « C'est que, étant allé à Rome, il (Luther) a vu que les prêtres y faisaient les messes trop courtes et les repas trop longs. » Quelle abominable calomnie ! Sans doute, pour éviter toute tentation de rapprochement malicieux avec le temps présent, il n'y aurait qu'à renverser aujourd'hui ostensiblement la proportion. Mais l'archevêque aimerait mieux qu'on n'en parlât pas du tout.

Et c'est pourquoi il a bien voulu nous informer que la guerre faite aux écoles laïques et aux livres continuerait jusqu'à ce que la bonne histoire soit seule enseignée, celle qui louange les gens d'Eglise toujours, qui ne les blâme jamais, la petite histoire apologétique qui réserve ses sévérités et ses critiques pour les damnables parpaillots, pour Voltaire et la République.

Dernier trait. Si nous en croyons encore l'*Univers*, l'un des rapporteurs entendus fut « désopilant », et le congrès eut une allure de discipline militaire. C'est tout à fait de circonstance quand on part en guerre. « Malheureusement, fort peu d'hommes. » Quoi ! Après les instituteurs dans les écoles, voilà les hommes qui manquent dans les congrès. Ah ! le malheur des temps est effroyable !

LES SIX POUVOIRS DE L'ARCHEVÊQUE

27 février 1910.

Et cela est admirable.

C'est des conclusions que, dans le procès qui lui est intenté par les auteurs de manuels condamnés, M. l'archevêque de Paris vient de faire signifier à ses adversaires que je veux parler.

D'abord, l'archevêque invoque le droit d'éclairer la conscience des parents « souvent illettrés ou mal informés ». Soit ; mais alors que signifient ces appels réitérés au devoir qu'ont les parents de contrôler l'enseignement donné à leurs enfants, si les parents sont la plupart du temps incapables de remplir ce devoir? Nous avons déjà constaté cette contradiction à propos du mandement collectif des évêques ; elle se résout en une prétention dogmatique et absolue à régenter et les parents et les enfants et l'école et ses maîtres.

Et tout de suite la prétention s'affirme dans les conclusions de Monseigneur, mais par un joli sophisme. Les évêques n'auraient fait que rappeler les auteurs de livres scolaires au respect de la loi ; la plaisanterie est connue et jugée ; passons. Voici qui est mieux et que je vous recommande : la loi de 1905 sur la séparation des Eglises et de l'Etat ayant proclamé la liberté des cultes, l'archevêque en déduit pour lui et ses confrères toute une série de droits dont il serait dommage de ne pas citer textuellement l'exposé :

Attendu que garantir la liberté du culte catholique, c'est assurer à l'Eglise catholique le libre usage des moyens ordonnés à cette fin ;

Attendu qu'entre ces moyens l'Eglise compte et ne peut pas ne pas compter les suivants :

Enseigner et légiférer, gouverner et administrer, juger et réprimer, six pouvoirs, spirituels par leur objet et extérieurs par leur exercice, dont l'Etat s'est engagé à garantir la liberté ;

Qu'enseigner et légiférer pour l'Eglise, c'est proposer aux hommes ce qu'ils doivent penser, vouloir et faire pour obtenir leur sanctification et leur salut ;

Que gouverner, c'est appliquer les lois divines et ecclésiastiques à tel ou tel fidèle ;

Qu'administrer, c'est régir les biens de la société re-ligieuse pour le bien de tous ;

Que juger, c'est trancher les différends et contro-verses qui peuvent surgir touchant les personnes et les biens ;

Qu'enfin réprimer c'est pourvoir à l'exécution des sentences judiciaires...

Monseigneur, grand merci ; mais si vous avez de tels pouvoirs sur votre diocèse, et si chacun des quatre-vingt-cinq évêques qui, avec vous, consti-tuent l'ensemble de notre épiscopat, peut reven-diquer de tels privilèges, je me demande ce qu'il va bien rester aux magistrats de l'ordre civil et ju-diciaire institués par les lois de l'Etat, et s'il ne serait pas plus simple, pour éviter d'irrémédiables conflits, de supprimer d'un trait de plume et le gouvernement et l'administration, et les ministres, et les préfets et les juges, et de confier dévotement à vos mains, qui ne les refuseront pas, les pou-voirs éphémères dont ils se croient revêtus.

Enseigner, légiférer, gouverner, administrer, juger, réprimer, rien n'y manque; c'est complet ; et le merveilleux de la chose est que tous ces pou-voirs, qui embrassent la vie tout entière de chacun de nous et de tous réunis, c'est la loi de 1905 qui vous les a donnés, confirmés.

Monsieur Briand, qui avez cru faire une loi de liberté, garantir à chaque citoyen le droit à sa guise de professer une croyance religieuse, de suivre les exercices d'un culte ou de ne faire rien de tout cela, la liberté de l'un n'empiétant pas sur la liberté de l'autre, la diversité des opinions et des doctrines confirmant précisément le droit de chacun, monsieur Briand, si cette loi doit avoir un tel résultat, vous et la majorité de 1905, à la Chambre et au Sénat, qu'avez-vous fait ?

Oui, vous avez fait une loi libérale, généreuse, respectueuse et protectrice des droits de la conscience et aussi de la raison. C'est M. l'archevêque qui, dans un exercice de dialectique, essaie de nous faire croire que d'avance, et sans que personne s'en aperçût, vous l'avez, par prétérition, désigné comme votre successeur, nécessaire et inamovible, au gouvernement de la France.

La prétention n'est pas nouvelle. L'esprit humain a lutté contre elle pendant des siècles ; lentement, difficilement, il a triomphé ; et chaque jour il doit lutter contre le retour offensif de ceux qui si longtemps l'ont opprimé. Ces jours derniers, l'évêque de la Rochelle écrivait : « On n'a pas le droit ni de choisir une autre religion, ni de n'en pas avoir. » Il ajoutait : « On n'a pas droit à l'erreur. C'est un non-sens. » C'est en vertu de ce principe qu'on a condamné Galilée. Les temps ont marché depuis lors ; mais si les hommes qui écrivent de telles choses étaient demain les maîtres ?

Le même évêque de la Rochelle, dans le même mandement, écrit encore, et cela lui semble le principe qui justifie tout son raisonnement :

« Dieu créateur a tous les droits. De lui découlent et dépendent les nôtres. Ce serait effrayant s'il n'était pas l'être bon. » Mais Dieu ne s'est jamais exprimé que par la bouche, il n'a jamais agi que par le bras de ses ministres, et c'est cela qui serait effrayant, si nous pouvions nous trouver demain en présence de prétentions de cette sorte devenues des pouvoirs effectifs.

Nous n'en sommes pas là, Dieu merci. Mais que l'archevêque de Paris affirme, dans un document judiciaire, de telles prétentions et qu'il puisse, de bonne foi, s'essayer à nous faire croire que ces prétentions sont inhérentes à l'exercice même du culte, voilà qui révèle un étrange état d'esprit. Quoi ? Le culte ne sera libre que si tous ces pouvoirs l'épiscopat les réunit en ses mains, s'il gouverne et régente à son gré les pensées et les actes des hommes ! Est-ce que Grégoire VII ne serait pas mort ?

Un vieil ami, croyant et pratiquant, mais qui observe les hommes et pense, me disait un jour : « Que ces gens d'Eglise comprennent peu leur temps ! Ils vivent toujours au moyen âge. La religion n'est pas faite pour eux de l'ardente aspiration de l'âme humaine vers une beauté et une pureté idéales dont les dogmes peuvent n'être qu'une expression sensible ; ils sont les serviteurs de la lettre, non de l'esprit, et dans leur intransigeance, prétendant plier tous les hommes à l'obéissance, ils ne s'aperçoivent pas qu'ils les éloignent d'eux chaque jour davantage. Ah ! s'ils avaient moins de sacerdoce impérieux et plus d'humanité, moins de dialectique subtile et sèche et plus de véritable bonté, s'ils bataillaient moins, s'ils étaient plus fraternels ! S'ils entendaient mieux souffler l'esprit !... »

Amen.

L'ÉCOLE PUBLIQUE ET LES COMMISSIONS SCOLAIRES

19 janvier 1911.

Il est temps de prendre des mesures pour que ne puisse se poursuivre plus longtemps, et impunément, la campagne par laquelle les adversaires de l'école publique cherchent à entraver son fonctionnement. Inviter les enfants à ne pas suivre les leçons du maître, à refuser d'entendre les enseignements qu'il donne ou de se servir des livres dont il prescrit l'usage, ce peut être un jeu intéressant pour ceux qui s'y livrent, mais c'est un jeu qui ne saurait être toléré. La loi n'a pas déclaré en vain certains enseignements obligatoires, et l'ordre étant troublé dans l'école, tous les enfants en pâtissent, même ceux qui sont venus à l'école avec l'intention d'en recevoir les enseignements.

A quelle autorité faut-il s'adresser pour assurer l'ordre à l'école et le respect de la loi ?

Un père de famille qui n'envoie pas son enfant à l'école et ne le fait pas instruire à domicile est passible de pénalités que la commission scolaire a mission d'appliquer. Faut-il, pour ce cas nouveau et que la loi n'avait pas prévu, s'en rapporter encore à la commission scolaire ?

Il n'y a qu'un inconvénient, c'est que les commissions scolaires n'existent pas, et là, où elles existent sur le papier, ne fonctionnent pas.

Dans l'exposé des motifs du projet de loi qu'il déposait à la Chambre, le 24 novembre 1907, sur la fréquentation scolaire, M. Briand, alors ministre de l'instruction publique, disait :

Presque partout, les commissions scolaires n'ont pas rempli leur tâche.

C'est à peine si elles ont pu se constituer dans 14,000 communes sur 36,000.

Là où elles existent, au moins théoriquement, elles ont cessé de fonctionner.

Et il expliquait les raisons pour lesquelles les choses sont ainsi : complication de la procédure, puis chez les membres des commissions défaut de l'indépendance nécessaire, crainte d'avoir sur les bras des affaires ennuyeuses, des démêlés avec des pères de famille qui sont parfois des clients, souvent des voisins, presque toujours des électeurs, etc.

24*

C'est très humain, et M. Buisson pouvait écrire :
« Le législateur n'a pas prévu que des élus, à moins
d'héroïsme, hésiteraient toujours à se faire autant
d'ennemis qu'ils auraient poursuivi d'électeurs dé-
linquants. »

Le résultat, il y a longtemps déjà qu'on l'a
constaté : l'obligation, inscrite dans la loi, n'est
pas une réalité, et chaque année nous voyons
arriver au régiment quelques milliers de jeunes
gens qui n'ont pas fréquenté l'école et sont illettrés. Double préjudice, pour eux et pour la nation.

Faut-il à cet organisme qui n'a pas fonctionné,
qui ne fonctionne pas, remettre le soin de réprimer
les tentatives faites pour entraver l'action de
l'école, pour y exciter le désordre, l'indiscipline ?
La non fréquentation est souvent un fait d'inertie ;
c'est une infraction passive, si l'on peut dire ; ici,
au contraire, c'est la volonté d'agir qui conduit à
l'infraction ; une passion politique ou religieuse
l'inspire, et parce qu'il y a lutte, parfois vive, les
commissions scolaires se sentiraient tout à coup
pleines de courage et ardentes à faire respecter la
loi ?

Sérieusement, qui oserait le soutenir ?

Quelle est, d'ailleurs, la procédure que doivent
suivre les commissions scolaires ?

Première infraction. La commission fait comparaître l'intéressé et l'admoneste en lui rappelant le texte de la loi.

Deuxième infraction. La commission fait de

nouveau comparaître l'intéressé et ordonne l'affichage de son nom à la porte de la mairie.

Troisième infraction. La commission ou, à son défaut, l'inspecteur primaire adresse une plainte au juge de paix, qui applique les peines du troisième degré de simple police.

La gradation est savante : mais encore faut-il que les commissions existent et qu'elles se réunissent. Sinon, l'action de l'inspecteur primaire est nulle.

Elles devraient se réunir une fois au moins tous les trois mois, sur la convocation du maire président, ou, à son défaut, de l'inspecteur primaire. Oui, mais là où elles existent sur le papier, elles ne se réunissent pas. Elles peuvent bien, après deux convocations successives, délibérer, même si elles ne sont pas en majorité ; mais encore la présence de l'inspecteur primaire, du délégué cantonal et du maire est-elle indispensable, et supposez un maire clérical : s'il ne le veut pas, la commission ne se réunira jamais.

Tribunal familial, représentation des pères de famille, c'est entendu. Mais la commission scolaire n'a pas à s'occuper de l'enseignement ; elle peut admettre des excuses à la non fréquentation, et la loi prend soin d'énumérer ces excuses ; mais une excuse tirée de la nature de l'enseignement échappe à la commision scolaire. La Cour de cassation l'avait déclaré dès 1883, et lorsque le législateur compléta l'œuvre de 1882 par la loi du 30 octobre 1886, il stipula formellement que la commission scolaire ne pouvait, dans aucun cas, s'immiscer dans l'appréciation des matières et des méthodes d'enseignement.

Ainsi, voilà un organisme créé pour assurer la fréquentation scolaire, et qui n'a rien assuré, qui ne fonctionne pas, et dont, depuis longtemps, ceux qui s'inquiètent de voir chaque année encore un trop grand nombre d'illettrés dans notre pays, demandent le remplacement par quelque chose de plus actif et de plus vivant, et c'est à cette chose morte qu'on s'en rapporterait pour faire cesser les troubles que des adversaires agissants suscitent dans l'école publique !

M. Briand constatait déjà cette impuissance en 1907 ; son successeur, M. Doumergue, l'a constatée de nouveau en 1908. Il faut autre chose pour assurer aujourd'hui le respect de la loi.

Sinon, l'on ne ferait qu'un geste, qui ne serait qu'un geste de plus, et combien vain ! Ce n'est pas cela précisément que gouvernement et majorité républicaine ont promis et que l'on attend.

HOMMAGE A JULES FERRY [1]

Monsieur le Président de la République,
Madame,
Messieurs,

En inaugurant aujourd'hui le monument que, par souscription nationale, la Ligue française de l'enseignement a élevé à la mémoire de Jules Ferry, nous rendons hommage à un grand serviteur de la démocratie, à l'un des fondateurs de la République, à un grand Français, et en même temps nous attestons le persistant attachement de la France républicaine à l'œuvre qui a pris le meilleur peut-être de l'esprit et du cœur de Jules Ferry, à cette école laïque dans les destinées de laquelle il avait mis tant de radieuses espérances dont nous avons le devoir de poursuivre, avec une énergie et une ténacité persévérantes, la réalisation.

[1] Discours prononcé à la cérémonie d'inauguration du monument, aux Tuileries, le 29 novembre 1910, sous la présidence de M. Fallières, président de la République.

En Jules Ferry, c'est l'homme tout entier que nous honorons aujourd'hui, l'éducateur et le patriote, le ministre résolu qui, dès son arrivée au pouvoir, convaincu que la base la plus sûre de la République, la garantie la plus certaine de sa vitalité et de sa durée devaient être cherchées dans la culture de l'esprit de chaque citoyen, dans sa conscience, dans sa raison, multiplia les efforts pour que les moyens d'instruction et d'éducation fussent à la portée de tous et que le suffrage universel devînt ainsi tout à la fois plus conscient de ses devoirs et plus à même d'exercer ses droits, — et l'homme d'Etat prévoyant et courageux qui, répudiant toute politique d'abdication dans laquelle il voyait le grand chemin de la décadence, voulut une France plus grande, grande par les arts de la paix au dedans, grande par son expansion au dehors, et employa toutes les ressources de sa diplomatie et de son énergie à assurer la continuité de cette expansion.

Que sont loin de nous les luttes ardentes au milieu desquelles s'est poursuivie la politique coloniale de Jules Ferry ! Le temps est un grand maître qui, en apaisant les passions, permet de mieux juger et les hommes et leurs actes et leurs intentions.

Mais comment oublierions-nous les batailles livrées par Jules Ferry pour soustraire l'enseignement public de notre pays au joug du dogme et de l'Eglise, pour l'émanciper, pour rendre à l'Université l'autonomie et la liberté, sans lesquelles tout effort est vain pour atteindre aux fins que son existence même lui propose. Quelles tempêtes souleva l'article 7 ? Les lois qui déclarèrent ensuite l'obligation, la gratuité et la laïcité de l'enseignement ne furent pas discutées sans que se dressât, et avec quelle violence, souvent haineuse, l'hostilité du parti clérical. Trente ans bientôt auront passé depuis que cette législation rénovatrice fût promulguée, et le spectacle, pour ceux qui avaient vécu ces jours d'autrefois, ne manquait pas de piquant, qui nous fut offert, il n'y a pas longtemps encore, par les éternels adversaires de l'esprit et de l'école laïques, se réclamant de Jules Ferry pour battre en brèche les défenseurs, les continuateurs de son œuvre et essayer de ruiner cette œuvre elle-même. Un jour, répondant à ses adversaires de droite et cherchant d'où venait leur opposition, il disait :

C'est que le livre et la puissance de se l'assimiler sont considérés par vous et par nous à deux points de vue très différents. Pour nous, le livre, c'est l'instrument fondamental et irrésistible de l'affranchissement de l'intelligence. Vous considérez le livre à un autre point de vue. Votre principe est qu'il vaut mieux ne pas lire que de lire des livres qui ne sont pas bons, c'est-à-dire qui ne sont pas conformes aux doctrines que vous défendez. Eh bien, nous ne sommes pas ainsi, nous croyons à la rectitude naturelle de l'esprit humain, au triomphe définitif du bien sur le mal, à la démocratie ; et vous, vous n'y croyez pas.

Jules Ferry avait-il la prescience des campagnes auxquelles nous assistons ?

Cette foi dans l'esprit humain, dans la raison, dans la démocratie, elle a été l'inspiratrice de toute sa politique ; elle doit être la raison d'agir de ceux qui, vingt ans bientôt après sa mort, ont le devoir de veiller sur son œuvre, de la faire prospérer, grandir, le devoir de la défendre.

Et ainsi se révèle le double caractère que revêt ce monument. Il est un hommage à un grand mort dont la pensée, la volonté, l'énergie bienfaisantes rayonnent encore sur nous ; c'est aussi une affirmation de fidélité à de nécessaires principes, la manifestation d'une volonté, un engagement.

Jules Ferry avait connu les heures heureuses de la popularité, il ressentit aussi les extrêmes des colères déchaînées ; puis, quand la tempête s'apaisa, quand le bon sens public, se ressaisissant au sortir de l'aventure boulangiste, se reprit à rendre justice à la clairvoyance dont Ferry avait courageusement fait preuve, quand vint le terme de l'ostracisme, « cet enfant irrité de la cité antique », dont il souffrit si profondément, la mort un jour brutalement le saisit. On vit bien alors toute la grandeur de la tâche qu'il avait accomplie, on en mesura toute l'importance et toute la nécessité. Et rapidement, à mesure que les années

s'écoulèrent, le souvenir s'effaça des mauvais jours,
pendant que s'élevait le sentiment de gratitude du
pays pour celui qui l'avait si bien servi. Jules
Ferry nous apparaît aujourd'hui, dans le recul du
passé, comme un homme de la légende, un initia-
teur, un créateur, qui, de ses mains puissantes,
forgea l'instrument d'un monde nouveau. Glori-
fions-le ; c'est l'intelligence la plus lucide, la volonté la plus raisonnée, le courage, la clairvoyance
politique, le dévouement au pays, que nous hono-
rerons en lui. et en même temps nous glorifierons
la plus magnifique floraison d'œuvres scolaires,
accomplies sous son inspiration par la République,
dont puisse s'enorgueillir une démocratie.

Jules Ferry a couvert notre pays d'écoles, comme
au moyen âge on rêvait de le couvrir d'églises.
Deux millions des enfants qui fréquentent ces
écoles se sont associés à l'hommage que la Ligue
de l'enseignement voulait lui rendre. Rien ne saurait être plus touchant que cet empressement de
tant de mains enfantines à apporter leur sou pour
l'édification du monument et à apposer sur les re-
gistres qui, dans un instant, seront déposés sous
la tribune où Ferry reparaît à nos yeux, leur si-
gnature. C'est la France de demain qui prenait
ainsi l'engagement de ne pas laisser péricliter l'hé-
ritage de vie intellectuelle et morale qu'en organisant l'école laïque Ferry et la République lui ont
préparé.

Le 21 novembre 1890, s'adressant aux électeurs

sénatoriaux des Vosges qui se disposaient à lui rouvrir les portes du Parlement, Ferry disait des lois scolaires :

Elles ne constituent pas des expédients passagers, des instruments de règne, des caprices ministériels : elles sont l'âme de la démocratie que nous avons fondée.

Et, rappelant ce propos de M. Buffet, tenu deux jours auparavant : « Passez nous les lois scolaires, et nous vous passerons la République, » Ferry ajoutait :

C'est trop cher, messieurs, nous ne ferons pas le marché. Que serait la République si elle n'était pas la grande éducatrice de la démocratie ? L'école nationale doit rester l'école laïque, neutre et gratuite, parce qu'elle est l'école nationale. C'est là vraiment notre pilier d'airain.

Nous ne tenons pas aujourd'hui un autre langage.

Messieurs,

C'est le propre de certains hommes que les monuments élevés en leur honneur sur les places publiques dépassent et de beaucoup le cadre d'un hommage individuel. Ferry est de ceux-là. En glorifiant son œuvre, c'est toute l'œuvre scolaire de la République que nous glorifions avec lui. Et je ne sais vraiment pas d'éloge plus pur et plus complet à faire d'un homme dont le nom grandit à mesure que les années passent et vers la mémoire de qui monte, chaque jour plus imposante, la reconnaissance de la postérité.

Au nom de la Ligue française de l'enseignement je remets à l'Etat ce monument.

DU ROLE DE L'INITIATIVE PRIVÉE DANS L'ŒUVRE POST-SCOLAIRE (¹)

L'œuvre post-scolaire comprend l'ensemble des associations qui peuvent être constituées autour de l'école primaire et qui, groupant les jeunes gens, élèves et anciens élèves, ont pour but tout à la fois de venir en aide à l'école par les divers moyens auxquels l'initiative privée peut recourir et d'exercer sur la jeunesse cette action éducatrice, dans le plus large sens du mot, dont la nécessité a été si souvent démontrée dans les congrès de la Ligue et ailleurs, au double point de vue instructif et civique, depuis déjà nombre d'années.

Comment se forment la plupart de ces associations ? Très souvent, c'est l'instituteur qui prend l'initiative. Il a pour cela une autorité particulière. D'abord il connaît les enfants, leur tempérament ;

(¹) Rapport présenté, au nom du conseil général de la Ligue de l'enseignement, au 20ᵉ congrès national de la Ligue, à Paris (9-12 juillet 1900).

mieux que quiconque, il sait comment il faut leur parler, et son caractère de maître, de professeur, le suivant partout, il ajoute à la force des arguments qu'il invoque le prestige dont il jouit près de ses élèves, ceux d'hier et ceux d'aujourd'hui, et l'influence qu'il tient de la confiance des familles. Le but du patronage étant de continuer l'école en la complétant, rien de plus naturel que cette initiative des instituteurs. Elle est une preuve de plus du profond dévouement à sa mission qui anime tout notre corps enseignant primaire. Tous nos instituteurs, en effet, on peut le dire, considèrent que leur tâche d'éducateurs n'est pas terminée quand, l'enfant ayant accompli sa treizième année, il quitte l'école, même avec son certificat d'études ; ce que l'enfant a appris à l'école, ce sont les notions élémentaires dont il oublierait bien vite une partie, si son esprit n'était encore sollicité à l'étude et à la réflexion et si, pour rendre active cette sollicitation, des cours d'adultes ou une association d'anciens élèves ou le patronage n'étaient là, qui le rattachent à l'école et, sous une forme nouvelle, plus variée, plus libre, plus attrayante, s'il se peut, fassent de lui un écolier. Écolier d'un autre ordre, bien entendu, qui, cette fois, va mener de front deux apprentissages : celui du métier dans lequel il gagnera sa vie et l'apprentissage de la vie elle-même, qui chaque jour se révélera à lui davantage avec tout ce qu'elle comporte de joies et de peines, d'efforts, de droits qu'il doit connaître et de dévoirs dont il importe peut-être plus encore qu'il se pénètre profondément.

Qui donc, mieux que l'instituteur, pourra diriger utilement le jeune homme dans cette voie nouvelle ?

Avec un zèle dont nous devons leur être à tous profondément reconnaissants, les instituteurs ont ainsi créé, sous les formes diverses qui semblaient le mieux s'adapter au milieu dans lequel chacun se trouvait, des associations d'anciens élèves, des sociétés de tir, de gymnastique, de musique, des mutualités scolaires, des patronages. M. Edouard Petit, dans les rapports qu'il a adressés depuis quatre ans au ministre de l'instruction publique sur les œuvres complémentaires de l'école, a noté, année par année, les progrès de ces œuvres, et les constatations qu'il a faites sont des plus satisfaisantes et aussi des plus encourageantes pour l'avenir.

Dans son rapport de 1896, parlant des conférences dont il fixait le nombre en 1894-95 à 61. 476, il disait :

Le succès a été éclatant. Il est dû en partie, à ce que l'instituteur n'a pas été abandonné à lui-même, sinon dans les villages. On l'a aidé. Il a été encadré par des collaborateurs volontaires. L'école populaire a vu venir à elle non seulement des auditeurs, mais des orateurs bénévoles. Et ceux-ci, par l'excellent choix des sujets traités, par la réserve du langage, ont dissipé toutes les préventions que, de ci de là, l'on nourrissait au sujet de ce que l'on appelait l'élément étranger.

On pourrait certainement en dire autant du concours apporté à l'œuvre de constitution du patronage par l'initiative privée. Si l'instituteur a eu, en général, l'honneur de la pensée première du groupement, de la mise en mouvement, il est juste d'ajouter que le succès a été d'autant plus grand et durable que de bons citoyens se sont associés à lui avec plus de zèle et de dévouement.

L'instituteur, c'est son rôle, c'est son métier, après tout, diront quelques sceptiques ; il fait du zèle, il se pousse, dans l'estime de ses chefs, il s'acquiert ainsi un titre de plus à une promotion de classe, ou à la médaille, ou aux palmes académiques. Mais à propos de ce bon citoyen, avocat, médecin, négociant, industriel, propriétaire, petit rentier, artisan éclairé ou cultivateur, qui, convaincu de la nécessité de l'instruction, consacre son loisir, fût-il de courte durée — et plus les occupations de l'homme sont absorbantes, plus son concours est méritoire et probant, — à apporter sa pierre à la construction du vaste édifice de l'éducation populaire, le moyen de tenir le même langage ? Pas l'apparence du moindre profit personnel pour lui. En si grand nombre que le ministre de l'instruction publique distribue chaque année les rubans violets, la plupart des braves gens qui concourent à des œuvres de ce genre savent qu'ils ne peuvent guère y prétendre. C'est donc un sentiment dévoué et désintéressé qui les conduit, le dévouement à une œuvre utile, au bien public, à l'intérêt du pays. Et à eux aussi, comme à nos instituteurs, dont la très grande majorité, répétons-le, ne mesure pas sa peine, doit aller notre très vif et très sincère remerciement.

D'abord, ils sont un aide, un soutien pour l'instituteur. La tâche de celui-ci n'est pas toujours aisée à remplir ; il se heurte parfois à des hostilités, au moins à des inerties qui ne sont pas un moindre obstacle. A le voir entouré de citoyens dont l'action ne peut s'expliquer que par la force de conviction et la sincérité du dévouement qui les anime, certaines préventions devront céder plus facilement ; les hostilités seront plus enclines à se taire ; les inerties auront une tendance à se transformer en acquiescement ; les assentiments en recevront une vivacité nouvelle. Ce ne sera plus un homme, un fonctionnaire, pour dévoué qu'il soit connu à son œuvre, et de quelque autorité personnelle qu'il jouisse, qui viendra solliciter la bonne volonté des enfants, des jeunes gens, et le consentement, l'approbation, l'encouragement des parents, mais un groupe de bons citoyens parlant à leurs concitoyens d'aujourd'hui et de demain le langage du bon sens, de la raison, et il est peu d'exemples que l'initiative du promoteur de l'œuvre n'ait reçu de ce concours une force nouvelle.

Ce n'est pas tout.

L'idée lancée, il faut organiser l'œuvre, il faut la faire vivre. Et pour cela encore, l'instituteur a besoin du concours de toutes les personnes qui, autour de lui, s'intéressent à l'instruction et à l'éducation populaire.

La « Petite A », le patronage, c'est encore l'école, si l'on veut, mais l'école autrement conçue, avec un autre programme, un autre enseignement, d'autres méthodes ; par suite, à côté de l'instituteur, il y faut d'autres éducateurs. Cet enseignement nouveau, cette éducation seront d'autant plus fructueux que le mélange sera plus harmonique, plus complet, entre les habitudes d'esprit, les manières de parler et d'agir de l'instituteur, du maître d'hier, et celles des collaborateurs bénévoles qui s'associeront à son entreprise, et qui doivent être, pour les jeunes gens confiés à leurs soins, plutôt de grands camarades, des guides éclairés et très bienveillants, des initiateurs expérimentés dans le chemin de la vie.

A l'école, l'instituteur est le maître, et il faut qu'il en soit ainsi. Une discipline est nécessaire, qu'il doit maintenir. Il enseigne, avec toute l'autorité de celui qui sait, à l'enfant qui ne sait pas, qui ne sait rien. L'enfant croit d'abord le maître sur parole. Ce n'est que peu à peu que sa raison s'éveille, et encore, quelque application qu'il y mette, ne peut-elle lui dire le pourquoi de bien des choses que le maître lui enseigne. Et comme notre esprit se façonne souvent d'après la nature même de nos occupations, il en résulte que l'instituteur peut avoir une tendance, même à son insu, et qui le suit hors de l'école, à parler, à s'exprimer, à se comporter, quand il s'adresse à des jeunes gens, ses anciens élèves, réunis au patronage, comme il faisait en classe, dirigeant leur instruction. Les résultats peuvent être bons, il arrive parfois aussi que la direction est impatiemment supportée par les jeunes gens, et alors il y a rupture. L'œuvre échoue. Et les difficultés sont plus nombreuses à la reprendre qu'on n'en a rencontré pour la créer.

Imaginez, au contraire, une collaboration assidue, constante, de l'instituteur et de ces bons citoyens qui, avec lui, ont créé le patronage ; la pénétration mutuelle qui s'est faite entre eux, entre leurs natures d'esprit, leurs façons de sentir et de s'exprimer, leurs caractères, dès le début de la mise en marche, se continuant à mesure que le fonctionnement se poursuit, les défauts des uns sont annihilés par les qualités des autres ; ce qu'il peut y avoir d'un peu trop aventureux, trop libre chez les représentants de l'initiative privée, est compensé par les habitudes d'ordre, l'esprit de règle, la méthode de l'instituteur, dont, à son tour, la tendance peut-être à trop régenter trouve un très utile contre-poids dans la bienveillante tolérance de ses collaborateurs pour les ardeurs d'une jeunesse en qui nous devons voir et préparer la libre France de demain.

Car si le patronage est le prolongement de l'école, il n'est plus tout à fait l'école, ou plutôt il est une école d'une nature particulière. Là, le jeune adulte doit être traité bien plus comme un apprenti citoyen que comme un écolier ; on le guide, on le dirige, mais la direction est d'autant meilleure qu'elle se rend plus légère à mesure que le jeune homme avance en âge ; c'est un continuel appel à son cœur, à sa raison, qui doit être fait, pour lui enseigner qu'il ne sera pas plus le lendemain un citoyen isolé parmi les autres qu'il n'était isolé dans la classe, qu'il bénéficie du travail incessant de l'humanité comme il profitait de l'enseignement donné par le maître à la classe tout entière, qu'il est uni par le lien de la solidarité à tous les êtres humains qui l'entourent, et que si un jour il aura, dans son pays, sa part de souveraineté, il doit en user, non dans un intérêt de misérable égoïsme, mais pour le bien de tous, de la nation entière, et que la responsabilité morale qui pèsera sur lui sera d'autant plus grande que la constitution de son pays lui aura garanti plus de liberté. Et dans le patronage même, il faut lui apprendre à user de sa liberté. La théorie et la pratique se complètent nécessairement.

Il y a une autre raison encore pour que le concours de l'initiative privée soit partout sollicité. L'instituteur est un fonctionnaire qui a le désir naturel de l'avancement. Il fera sa carrière en occupant plusieurs postes. L'activité même qu'il

aura déployée dans une commune, les qualités
d'éducateur dont il aura fait preuve, seront un
titre pour lui, que ses chefs ne négligeront pas, à
être chargé, dans une autre commune, d'une
école plus importante. Si, à son œuvre de prolongement de l'école, des habitants de la commune
qu'il quitte n'ont pas été intimement associés, son
départ ne peut-il pas mettre l'œuvre en péril ? Sans
doute, son successeur la reprendra ; mais c'est un
nouveau venu, qu'on ne connaît pas, qui ne connaît
ni les parents, ni les élèves. Il se produira au
moins un flottement dans la marche de l'œuvre.
Au contraire, présenté à tous par les amis de
l'école qui ont été les collaborateurs de son prédécesseur, le nouvel instituteur prendra tout de suite
et de plein pied la situation qui doit être la sienne,
et l'œuvre se continuera sans arrêt, sans à coup,
avec la régularité qui est l'une des conditions
essentielles du succès.

Le concours de l'initiative privée, mais il n'est
pas seulement utile, on peut dire qu'il est indispensable si l'on veut que les œuvres post-scolaires
vivent véritablement. Il est la garantie la plus
certaine de leur durée.

Sans doute, ce concours en bien des communes
ne s'offrira pas de lui-même. Il faudra souvent que
l'instituteur le provoque, et parfois aura-t-il quelque peine à l'obtenir. Cela ne doit pas le rebuter.
Combien de bonnes volontés s'ignorent elles-mêmes
qui, une fois en mouvement, deviennent actives,

très agissantes, et s'attachent d'autant plus à une œuvre qu'elles ont été plus lentes à en comprendre le but et le caractère ?

Et puis, cette participation de l'initiative privée, c'est une des raisons d'être de la Ligue de l'enseignement, et comment ne la recommanderions-nous pas ? Jean Macé a souvent répété : « Nous sommes une école d'initiative. » Suscitons les initiatives de toutes parts, et rappelons-nous ce que disait le maître disparu, en un discours prononcé au premier congrès de Reims, le 30 mars 1883 :

Notre rôle à nous, ouvriers de la Ligue, dans ce grand travail de transformation républicaine, à travers lequel vient se jeter à l'aveugle tout ce qui nous reste d'éléments monarchiques, dans cette crise redoutable que traverse la patrie française, c'est d'organiser par tout le pays les éléments dispersés, inconscients parfois, parfois dévoyés aussi, des hommes de progrès et de bonne volonté qui veulent la République, qui la veulent sage et forte, respectueuse de tous les droits légitimes, justement jalouse de son droit à elle, et qui ne se rendent pas toujours compte que c'est à eux de la faire comme ils la veulent, en apportant leur concours personnel aux efforts qui se multiplient chaque jour pour élever notre peuple à la hauteur d'un peuple républicain.

TROIS DISCOURS DE DISTRIBUTION DE PRIX

LE RÔLE DE L'UNIVERSITÉ [1]

Mesdames,
Messieurs,
Mes jeunes amis,

Il y a 37 ans, presque à la même date, dans cette cour, peut-être sous cette tente, assis sans doute sur les bancs où vous êtes, j'écoutais d'une oreille plutôt inattentive les discours que de graves personnages avaient pris à tâche de prononcer, et je songeais qu'une distribution de prix gagnerait singulièrement en valeur à mes yeux et à ceux de mes camarades si l'on se bornait, sans dépenser tant d'éloquence, à nous donner en trois mots la clef des champs. Et voici qu'à mon tour, après le discours si plein d'aperçus ingénieux que vous

[1] Discours prononcé à la distribution des prix du lycée de Chaumont le 28 juillet 1906.

venez d'entendre, je me lève et je vous demande un instant de bienveillance et d'attention.

Je dois vous dire tout de suite mon excuse, et je serais bien surpris si, dans quelques années, lancés dans le grand courant de la vie, aux prises avec ses difficultés, ses tristesses et ses joies, appréciant mieux les armes dont une éducation prévoyante vous a munis pour ce rude combat, vous ne vous rendiez compte aussi que chaque année passée dans une maison comme celle-ci, sous la direction de maîtres éclairés, constitue une dette contractée par votre jeunesse et que doit payer votre âge mûr en efforts dévoués pour que, plus grande, plus large encore, et plus vivifiante, s'il est possible, cette éducation nécessaire soit donnée aux générations qui viendront après vous.

Si j'ai accepté avec empressement la présidence de cette distribution des prix, c'est que l'occasion s'offrait, excellente, de dire toute ma reconnaissance à cette Université de France, plus vivante et plus prospère que jamais après des fortunes diverses au cours du dernier siècle, et qui, quelles que fussent les difficultés des temps, a toujours su rester le foyer sans cesse allumé de la liberté de l'esprit et ainsi a contribué, de la manière la plus efficace, à tous les progrès politiques et sociaux dont nous sommes les heureux bénéficiaires et, pour tout dire d'un mot, à l'avènement définitif de la République et au triomphe de la démocratie.

Oui, pendant que d'autres éducateurs, en

d'autres maisons, obéissant à une autre doctrine,
s'efforçaient de couler dans un moule uniforme
les jeunes intelligences et de les plier pour jamais
au joug d'une discipline intellectuelle qui engageait irrémissiblement leur pensée et leur action,
l'Université se donnait la tâche d'éveiller tout ce
qu'il pouvait y avoir d'ardeur généreuse, en leur
diversité, dans les cœurs et dans les esprits. Beaucoup moins soucieuse de savoir ce qu'ils feraient
et penseraient plus tard que de les mettre en état
de penser et d'agir, elle se préoccupait avant tout
de préparer dans les enfants qui lui étaient confiés
les libres citoyens dont a besoin notre société issue
de la Révolution. Développer, en quelque sens que
la nature de chacun le pousse et le conduise, les
libres personnalités, au sentiment du droit individuel ajouter celui du lien qui unit les hommes
entre eux, dans la famille, dans la cité, dans la
patrie, dans l'humanité, fortifier ainsi le droit de
chacun par le devoir envers tous, et de toutes ces
activités, de tous ces tempéraments, de tous ces
caractères en apparence souvent opposés, constituer un tout harmonique, c'était bien une œuvre
à la fois profondément libérale et véritablement
nationale. L'Université ne conçoit pas autrement
sa tâche aujourd'hui. Et c'est pourquoi chaque
jour davantage elle mérite notre respect et tout
notre dévouement.

Je salue, avec toute la sympathie qu'appellent
leur haute valeur intellectuelle, leur zèle incessant,

leur désintéressement, les maîtres qui donnent
aujourd'hui l'enseignement dans cette maison et
dont tant de succès remportés par leurs élèves
font un si éloquent éloge. Mais comment, en ce
jour, ma pensée ne se reporterait-elle pas vers
ceux qui les ont précédés ? Je les revois, avec leurs
physionomies propres, animant chacun sa classe
du mouvement de son activité particulière.
Quelques-uns, jeunes professeurs sortant de l'école
normale et qui nous charmaient par un je ne sais
quoi de moins professoral et de bien disant, n'ont
fait que passer, d'autres ont vécu une grande
partie de leur carrière à Chaumont. L'un d'eux, le
doyen peut-être, qui écoule dans son pays natal,
non très loin de nous, sa verte vieillesse, veut
bien, depuis deux ans, nous donner, pour le
bulletin annuel de l'association des anciens
élèves, quelques pages de ses souvenirs, et c'est
comme un tableau fidèle où il nous semble voir
revivre toute son originalité de nature et d'esprit.

Permettez-moi d'adresser à ce survivant des
temps déjà lointains l'hommage ému d'une gratitude qui n'oublie pas et d'une sincère et cordiale
affection. M. Soret (¹) est de ceux dont Chaumont
n'a pas perdu le souvenir. Il était républicain dès
l'Empire ; quand vinrent les sombres jours d'août
1870, il montra ce que peut une âme patriote. Je
le vois encore, par un clair matin d'août, alors que

(¹) Ancien professeur d'histoire au lycée de Chaumont.

tout était prêt pour une distribution de prix qui
ne se fît pas, entrer, les yeux tout pleins de larmes
dans cette cour : on venait d'apprendre la défaite
de Wissembourg. Quelques jours plus tard, il
s'engageait, et simple soldat il fut ensuite de cette
armée qu'une infortune terrible conduisit à Sedan.
Il nous avait enseigné par ses leçons l'amour de la
patrie, il nous l'enseigna par son exemple. Nous
restons fidèles à son enseignement.

La patrie, on l'a parfois fort imprudemment opposée à l'humanité, comme si, entre le culte de
l'une et ce que nous devons à l'autre, il y avait opposition inconciliable. Quelle aberration ! La patrie d'abord, parce que c'est nous-mêmes, avec
notre caractère, notre langue, notre histoire, nos
traditions, tout ce qui constitue notre vie collective et originale, notre indépendance, notre liberté ; l'humanité ensuite, qui ne progressera jamais plus sûrement dans les voies de la civilisation que si tous les organismes qui la composent,
c'est-à-dire les nations, ont le sentiment profond
de leur droit particulier et du respect qu'elles se
doivent entre elles. En voulant notre pays toujours plus noble, plus digne, plus épris des
grandes idées de justice et de liberté, plus fort
pour se faire respecter, en nous déclarant prêts
pour lui à tous les dévouements, nous pouvons
avoir la conscience de travailler pour le bien de
l'humanité.

A mesure que nous avançons, les sociétés se

transforment, des besoins se font sentir que n'éprouvaient pas nos pères, des devoirs nouveaux s'imposent; mais la conscience humaine ne change pas. Aujourd'hui, comme aux temps antiques, elle commande à chacun de nous l'effort continu pour le plein développement de toutes nos facultés, mais elle condamne et flétrit l'égoïsme méprisable et, plus que jamais peut-être, dans cette marche incessante vers toujours plus d'égalité, plus de justice sociale, plus de liberté, est-il nécessaire que la force de chacun soit mise au service de tous. Avoir proclamé la loi de solidarité, l'avoir reconnue, ne rien négliger pour en faire l'application, ce sera l'un des titres de gloire de notre temps. Nous avons foi en l'avenir de la patrie; nous croyons à la démocratie qui, de plus en plus, s'affirme comme la forme nécessaire des sociétés; nous appelons de tous nos vœux la réalisation de l'idéal de justice sociale, fait de l'harmonie des droits individuels et de l'intérêt solidaire de tous, et c'est parce que le passé de l'Université nous est une garantie certaine de son libéralisme, de sa clairvoyance, de son intelligence des temps nouveaux, que nous lui devons notre plus actif concours pour l'aider, s'il se peut, dans l'accomplissement de sa tâche future.

L'Université de France est bien ainsi l'éducatrice nationale sur laquelle compte la République pour faire régner sur toutes les âmes en ce pays l'amour passionné de la patrie, de la justice et de la vérité.

L'ÉCOLE LAÏQUE (¹)

Mesdames,
Messieurs,
Mes chers enfants,

Je remercie la municipalité de Chaumont de la pensée qu'elle a eue de m'offrir la présidence de cette distribution des prix. J'ai accepté avec d'autant plus d'empressement que ce m'était une occasion nouvelle de féliciter ses membres, devant vous, pour le zèle éclairé avec lequel, depuis de longues années, ils s'efforcent de développer les œuvres d'instruction et d'éducation, témoignant ainsi d'un véritable esprit démocratique et républicain.

L'une des œuvres essentielles de la République, qui répondait à l'un des besoins les plus pressants, que nous avons défendue avec toute notre énergie dans le passé, que nous défendrons non moins énergiquement demain, s'il est nécessaire, est la création de l'école laïque. Vous en êtes les élèves, mes chers enfants, les élèves studieux et récompensés, si j'en juge par le nombre des prix qui vont vous être décernés. Je vous demande à tous de lui conserver, et aux maîtres qui la dirigent et vous ont donné le meilleur d'eux-mêmes, un souvenir affectueux et reconnaissant.

(¹) Discours prononcé à la distribution des prix des écoles communales publiques de la ville de Chaumont le 31 juillet 1910.

L'école laïque, mes chers enfants, c'est l'école même de la patrie et de la République.

J'entends encore un vieux maître qui, il y a trente ans, au début d'une cérémonie comme celle-ci, dans une ville voisine où l'on contestait fort le principe et l'existence de l'école nouvelle, disait à ses élèves : Qu'est-ce qu'un laïque? Un laïque, mes enfants, c'est chacun de vous, c'est votre père, c'est votre mère, ce sont vos maîtres et vos maîtresses, ce sont tous les hommes, toutes les femmes, d'âges divers et de conditions différentes, au milieu desquels vous vivez et dont l'activité, sous les formes multiples qu'elle revêt, est l'un des éléments primordiaux de la vie de la nation: Ils ne pensent pas tous de la même manière, ni en politique ni en religion ; ils n'ont ni les mêmes façons de voir, ni les mêmes façons de sentir ; les uns sont riches, les autres sont pauvres ; les uns sont forts, les autres sont faibles ; des rivalités les divisent ; l'antagonisme des intérêts les met aux prises et parfois la lutte est ardente ; cependant, ils font partie d'une même grande famille ; ils appartiennent à la même nation ; ils ont ainsi des droits communs à tous et de communs devoirs dont le premier est de respecter chez les autres leur propre liberté. Il n'y aurait pas de vie nationale, ou quelle vie troublée, incertaine ! sans une mutuelle tolérance qui n'est que la mise en pratique, éclairée par la conscience et la raison, du droit de chacun à la liberté.

L'école laïque est à l'image de la nation. Vous venez tous vous asseoir sur ces bancs, dans une parfaite égalité ; vous avez tous le même droit à y recevoir le même enseignement, et sur tous s'étend la sollicitude de vos maîtres qui ne font entre vous d'autres différences que celles de l'intelligence, de la bonne volonté à apprendre et du désir de savoir. S'adressant à tous, leur enseignement, par suite, doit être conçu de telle façon qu'il puisse être reçu par tous, et c'est une justice à leur rendre ; pénétrés du haut caractère de leur mission, ils tiennent leur enseignement en dehors et loin des polémiques, gardant scrupuleusement à l'école son atmosphère nécessaire de paix et de calme sérénité.

Vous serez demain des jeunes gens, après-demain des citoyens ; vous connaîtrez des devoirs nouveaux, devoirs privés, devoirs publics. L'école doit vous donner la claire notion des uns et des autres, elle doit vous inspirer la volonté réfléchie de remplir les uns et les autres.

Vous êtes à l'âge heureux où l'on ne connait encore ni les âpres jalousies que les différences de conditions sociales suscitent entre les hommes, ni les animosités et les haines, parfois féroces, que les rivalités des partis politiques et des doctrines religieuses font naître en certaines âmes. Fils de catholiques, de protestants, d'israélites, de libres penseurs, vous jouez les uns avec les autres, vous étudiez les uns à côté des autres, dans une camaraderie aimable et cordiale. Et c'est là le propre de l'école laïque : par cela même que vous êtes groupés, réunis ainsi, et avant que le maître ait parlé, donné son enseignement, vous constituez une leçon de choses excellente : vous enseignez aux êtres plus âgés et plus grands qui vous entourent cette vertu, la tolérance, qui n'est que le respect du droit de chacun, de la liberté.

Vos maîtres n'ont garde de ne pas vous en dire la beauté ; en même temps qu'ils tâchent à vous armer pour vous mettre à même de pourvoir plus tard aux nécessités de la vie matérielle, ils travaillent aussi à développer en vous les germes de la vie morale telle que la comportent les sociétés démocratiques contemporaines.

Quand vous sortirez de l'adolescence, tout à votre entrée, en quelque sorte, dans la vie civique, vous aurez un premier et grand devoir à remplir ; pendant deux années que vous consacrerez tout entières à la patrie, vous devrez, soldats disciplinés, être prêts à combattre pour elle, pour la défense de ses droits, de son honneur, de son intégrité. Ce devoir, on vous apprend à l'envisager sans peur et sans regret ; le régiment est encore une école ; je vous assure que lorsqu'on y est allé gaiement, on en revient l'âme mieux trempée et meilleure.

Plus tard, jetés dans la grande bataille de la vie, soyez encore tels que vos maîtres vous apprennent à être à l'école ; soyez toujours sincères, loyaux, aimez la justice et la vérité. Vous vous souviendrez

ainsi de tout ce qu'il y a de noble et de généreux
dans cette morale laïque que l'on vous enseigne et
dont ceux-là seuls dont elle ne fait pas les affaires
exclusives critiquent et dénaturent le caractère ;
elle prescrit la bonté, l'honnêteté, l'amour de la
patrie, la pratique de la tolérance, le respect de la
liberté des autres, de leur dignité et de leur sincérité, afin que les autres respectent à leur tour votre
dignité, votre sincérité et votre liberté, et dans une
société où le travail est l'universelle loi, elle vous
dit : sois laborieux, le travail honnête est encore
le meilleur moyen de parvenir !

Me sera-t-il permis, mes chers enfants, d'illustrer
ce précepte par un double exemple ?

Il y a un peu plus de cinquante ans, un jeune
homme arrivait à Chaumont, ayant pour toute fortune son intelligence et son désir de bien faire.
Comment il est devenu le chef d'une des plus
grandes maisons industrielles et commerciales de
notre pays, par quel labeur poursuivi cinquante années durant il a rempli sa tâche, vos
papas et vos mamans pourront vous le dire ; vous
savez déjà de quel respect, de quelle affection ses
concitoyens l'entourent, par quels cortèges de suf-
frages ils l'ont porté à la première magistrature de
la cité et quels vœux ardents tous forment aujour-
d'hui pour le rétablissement de sa santé. Je suis
bien sûr que de vos âmes d'enfants, ingénues et
tendres, le même vœu sortira, hommage touchant
de votre matin de la vie.

Si M. Lisse [1] n'était pas à mes côtés, je vous dirais plus clairement mon second exemple. Il sait, lui aussi, de quels rudes efforts et persévérants l'existence d'un grand travailleur est faite, ce qu'elle procure aussi de satisfactions, dont la moins précieuse n'est pas le jugement de la conscience quand, au soir de la vie, on jette un regard sur le chemin parcouru. Nous souhaitons, mon cher ami, que ce soir de la vie dure longtemps encore pour vous et pour celui dont vous êtes le collaborateur et l'ami et que vous puissiez voir que ces enfants ont compris votre exemple et mis à profit votre enseignement.

Mes enfants, je vous souhaite de bonnes vacances, un beau soleil pour les illuminer, beaucoup de grand air dans les poumons, de la joie plein vos cœurs ; rien ne dispose mieux, les vacances une fois terminées, à bien travailler.

L'UNIVERSITÉ ET LA PATRIE [2]

Mesdames,

Messieurs,

Mes chers amis,

Comme vous, j'ai vivement goûté et sincèrement

---

[1]. Alors adjoint au maire de Chaumont, élu maire le 8 septembre 1910, en remplacement de M. Emile Goguenheim, décédé.

[2]. Discours prononcé à la distribution des prix du lycée de Chaumont le 27 juillet 1912.

applaudi l'éloquent discours, et si plein de choses,
que vous venez d'entendre. Il me semblait, à mesure que se déroulait, dans un enchaînement harmonique, l'exposé de sa pensée, que celui de vos
maîtres dont c'est plus particulièrement la tâche
de vous initier aux hautes conceptions morales et
de représenter parmi vous l'esprit philosophique,
voulait, synthétisant en quelque sorte toute une
année d'enseignement, vous inviter une dernière
fois à la réflexion sur les principes nécessaires à
la direction de la vie, afin que la vie soit digne,
noble, généreuse, éprise d'idéal. Par là même, il a
dit aussi toute la grandeur et toute la beauté de la
tâche éducatrice telle que s'efforce de l'accomplir
l'Université. Former des consciences, éclairer les
esprits, et, par la probité des unes et la vivacité
intelligente des autres, préparer à notre démocratie des citoyens qui aient véritablement le sens de
la liberté, fait avant tout du respect de soi-même
et des autres, l'Université s'est toujours proposé
d'atteindre ce but élevé. Là est son titre éclatant à notre sympathie et à notre reconnaissance.

Former un citoyen, c'est lui inculquer aussi la
joie du sacrifice, dont parlait tout à l'heure en
excellents termes M. Berrod et, à travers les différences de tempéraments et de caractères, les divergences d'opinions, les luttes d'idées, parfois,
combien vives et ardentes ! donner à tous le sentiment du lien intime et profond qui unit entre eux

les enfants d'un même pays et en fait, suivant une forte expression, les fils de la patrie.

La patrie, c'est-à-dire le passé, le présent et l'avenir, toutes les joies et toutes les souffrances partagées, la communauté d'une dévotion supérieure à toutes les autres, d'un culte qui réunit les adeptes de tous les cultes, d'un idéal qui groupe les âmes innombrables d'un peuple en un élan sublime et merveilleux d'action et d'espérance. Parfois, les brutalités de la force, en déplaçant les limites des États, semblent détacher les hommes d'une patrie et les rattacher à une autre. Douloureuse et souvent illusoire expérience ! Les années passent, un demi-siècle ; la petite flamme reléguée au fond des cœurs n'a pas cessé de brûler, et l'émotion que l'on éprouve à la voir tout à coup discrètement reparaître, comment vous la dire ?

J'étais, il y a quelques jours, avec un cortège d'amis, dans un village d'Alsace où, pieux pèlerins du souvenir, nous rendions hommage à un passé qui nous est infiniment cher. Nous étions venus, sans bruit, sans fracas, visiter les lieux où vingt années durant, les dernières années de l'Alsace française, vécut un homme que nous avons beaucoup aimé, dont nous avons à cœur de continuer l'œuvre et à qui nous voulions donner un témoignage posthume de fervente affection et de fidélité. Nous n'avons parlé que de Jean Macé, du souvenir qu'il a laissé ; les vieux qui se pressaient autour de nous, qui nous apportaient des portraits conservés comme des reliques, ne nous ont pas parlé d'autre chose, et cependant tous nous avons senti que nos cœurs disaient ce que nos lèvres ne pouvaient dire. Les mains se tendaient, les portes s'ouvraient, les invitations se formulaient, familières et instantes, les verres se choquaient, remplis d'un vin d'Alsace qui était comme un symbole, et cela prenait pour tous une signification singulièrement émouvante. Quand nous partîmes, les enfants jetèrent des fleurs dans nos voitures, gravement les hommes de tout âge saluèrent; nous emportions des fleurs, un peu de terre d'Alsace que le soir nous allâmes, au cimetière de Saint-Dié, déposer sur la tombe de Jules Ferry, comme l'expression touchante de la plainte des vaincus qui espèrent toujours à un grand Français qui n'a pas désespéré.

Puis, je fus, à travers les monts et les vallées de la Basse-Alsace, visiter le champ de bataille où, le 6 août 1870, se joua le sort de l'Alsace. Frœschwiller, Elsasshausen, Morsbronn, quelle lutte épique, héroïque, désespérée, ces noms nous rappellent. Le soleil faisait verdoyer la prairie et dorait les moissons; la paix régnait sur toute la campagne. Les maisons, blanches sous leurs toitures de tuiles peu anciennes, semblent accueillir d'un sourire mélancolique le voyageur. Des hauteurs de Frœschwiller, d'Elsasshausen, la vue s'étend, captivée, sur un large horizon. Mais combien la contemplation de ces bois, de ces champs,

de la rivière qui coule dans la vallée, de ces villages, devient plus saisissante encore, lorsque, par
un effort de l'esprit, on tâche de revivre la san-
glante journée !

J'ai rencontré, au monument de l'armée française, un vieux soldat d'Afrique, qui fut, à Wœrth,
le témoin de la bataille. Il est chargé de l'entretien
du monument, et volontiers, j'imagine, lorsque
quelque Français vient à passer, est sollicité de
dire ses souvenirs. Il les indique plutôt qu'il ne les
dit, étant peu abondant en paroles ; mais, en un
tel lieu, les mots les plus simples ont un sens évo-
cateur. Il se souvient surtout de l'acharnement de
l a lutte, du nombre des morts qu'on mit quatre
jours à enterrer.

L'histoire confirme dans ses détails précis, le
souvenir de ce brave homme. Les monuments
dont est parsemé le champ de bataille suffiraient
à rappeler ce que les hommes et les livres ne pourraient dire. Vous sentez l'émotion avec laquelle
on parcourt les rues de ces villages, on suit les
chemins, on s'arrête devant les monuments, sous
l'ombrage de l'arbre au pied duquel se tint le ma-
réchal pendant la plus grande partie de la journée. Et
l'on s'en va, le cœur attristé de la réalité présente,
mais fier de tant d'héroïsme dépensé et l'âme pleine
d'espérance.

Mes jeunes amis, l'histoire, ce vivant et suggestif éducateur, vous enseigne que la force brutale
du nombre n'est pas tout dans la vie des peuples ;

la force morale, le droit a ses revanches, et c'est
l'honneur d'une nation, lorsque quelque grande
épreuve l'a subitement frappée, de préparer pa-
tiemment et résolument le retour de la fortune. La
France républicaine a montré au monde, en ces
dernières années, qu'elle avait conscience de la
double force qui est en elle. Vous êtes la France
de demain. Ayez au cœur l'amour de la liberté,
c'est-à-dire de la solidarité dans l'accomplissement
des devoirs et dans l'exercice des droits ; n'oubliez
pas que l'égalité des citoyens est le principe des sociétés modernes et que la France a fait la Révolution
pour la conquérir ; dans le troisième terme de la
devise républicaine, dans la fraternité, voyez l'expression d'un idéalisme que nous devons sans
cesse nous efforcer de faire passer dans les faits.
Il n'est pas de plus noble devise au monde. Le
pays qui l'a proclamée a pu subir des revers, il a
le droit de dire qu'il en a compris l'enseignement
et que, confiant dans le dévouement de ses enfants,
dans leur activité, leur courage, leur esprit de sacrifice, il espère !

FIN

TABLE DES MATIÈRES

Saint-Amand (Cher). — Imprimerie BUSSIÈRE